田舎の空き家活用読本

探し方
プチ改修
マッチング

農文協 編

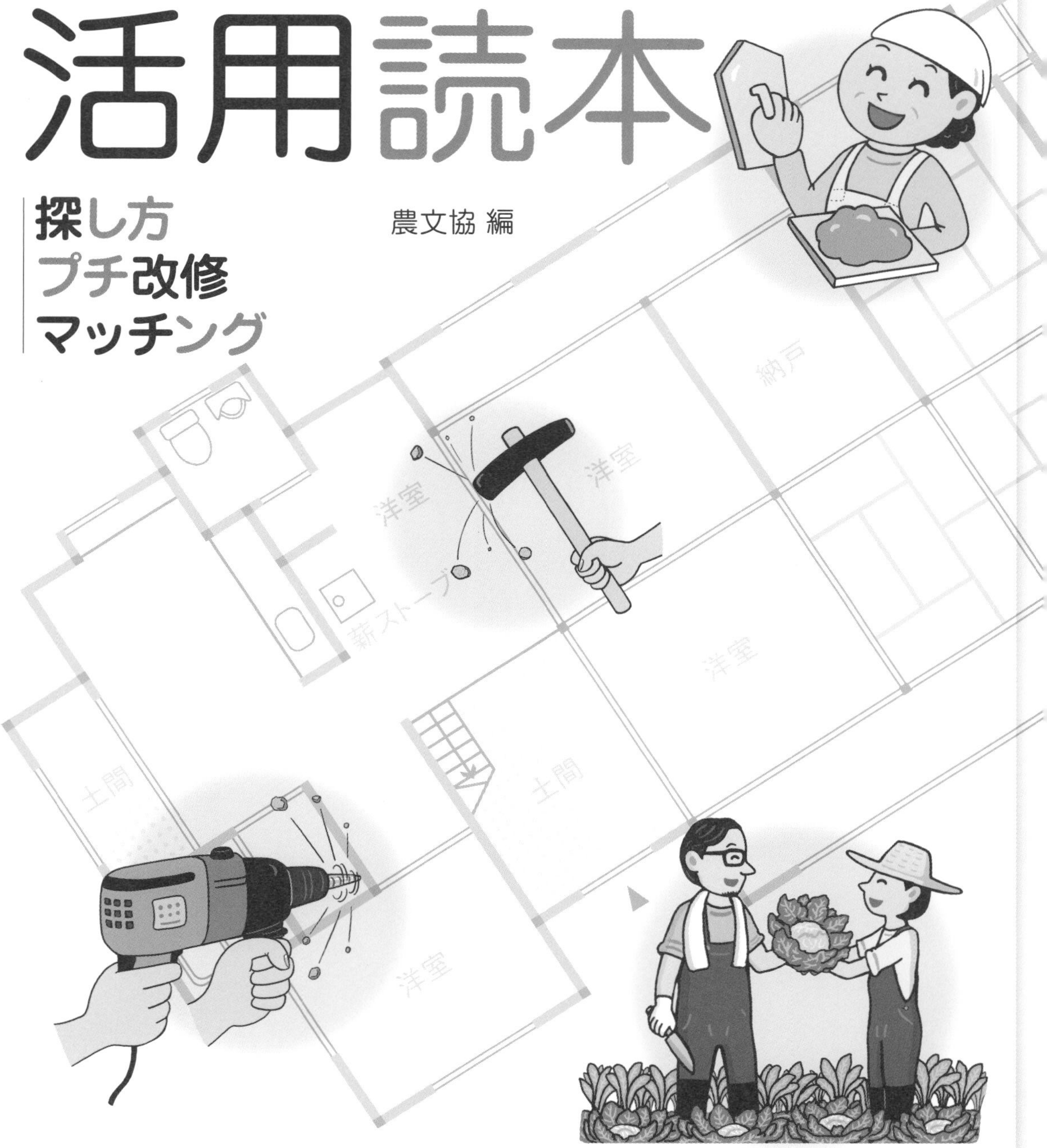

農文協

はじめに――田舎の空き家を農型社会の入り口に

本書は、雑誌『季刊地域』と『現代農業』に掲載された記事を再編集し、田舎ににぎわいを呼ぶ空き家活用法を一冊にまとめた本です。

人口減少で日本の空き家は年々増えており、いまや7軒に1軒は誰も住んでいない家といわれます。そうしたなか2023年に「空き家対策特別措置法」が強化され、管理がされていない空き家は固定資産税が最大6倍に上がり、24年4月からは相続登記の義務化も始まりました。都会では売却や処分の対象ですが、田舎の空き家はちょっと趣が違ってきます。高度経済成長期に大量に建てられた都会の住宅と違って、田舎の空き家は古くともいい材料を使っているものもあり、手入れをすればまだまだ活用できます。

折しも、コロナ禍を経て農村部に移住したいという人たちが増えています。移住先で真っ先に必要になるのが住まい。よそから来ていきなり家を新築するのは勇気がいるし、おカネもかかるので、空き家があるのならぜひ使いたいと言います。田舎の空き家は、都会のマンションに比べれば圧倒的に広く、部屋数も多い。車も置けるし、小さい菜園や裏山が付いていることもあります。本書では、そうした空き家を農型社会の入り口とするための工夫や実践を集めました。

PART1では、空き家を買ったり借りたりした移住者が、お気に入りの住まいを紹介。空き家探しのあるある話や、移住までの流れについてアドバイスします。PART2は、床張りや壁の断熱など、自分でできるプチ改修術を取り上げ、古い家でも快適に暮らせるDIY改修のアイデアや、移住者に人気の薪ストーブをパワーアップさせるコツを収録しました。PART3では、移住者と空き家をつなぐ受け入れ側のマッチングの取り組みに注目。これらのことは、移住したい人だけでなく、移住者を受け入れたい人たちにも参考になるはずです。

田舎の空き家は、農山村に暮らす人を増やす器になります。本書が田舎の空き家活用の一助となり、移住者の新しい暮らしの実現や農山村のにぎわいにつながれば幸いです。

2024年6月

一般社団法人　農山漁村文化協会

目次

PART 3 空き家マッチングの取り組み

ニッポンの空き家事情

まとめ＝編集部

利用の当てがない空き家は385万戸

総務省の2023年「住宅・土地統計調査」によれば、長期間居住者がいない空き家は全国で900万戸。そこから別荘や賃貸用などの住宅を除いた利用の当てがない空き家は385万戸で、これは放置されるケースも多く、防災や防犯の面からも問題となっている。

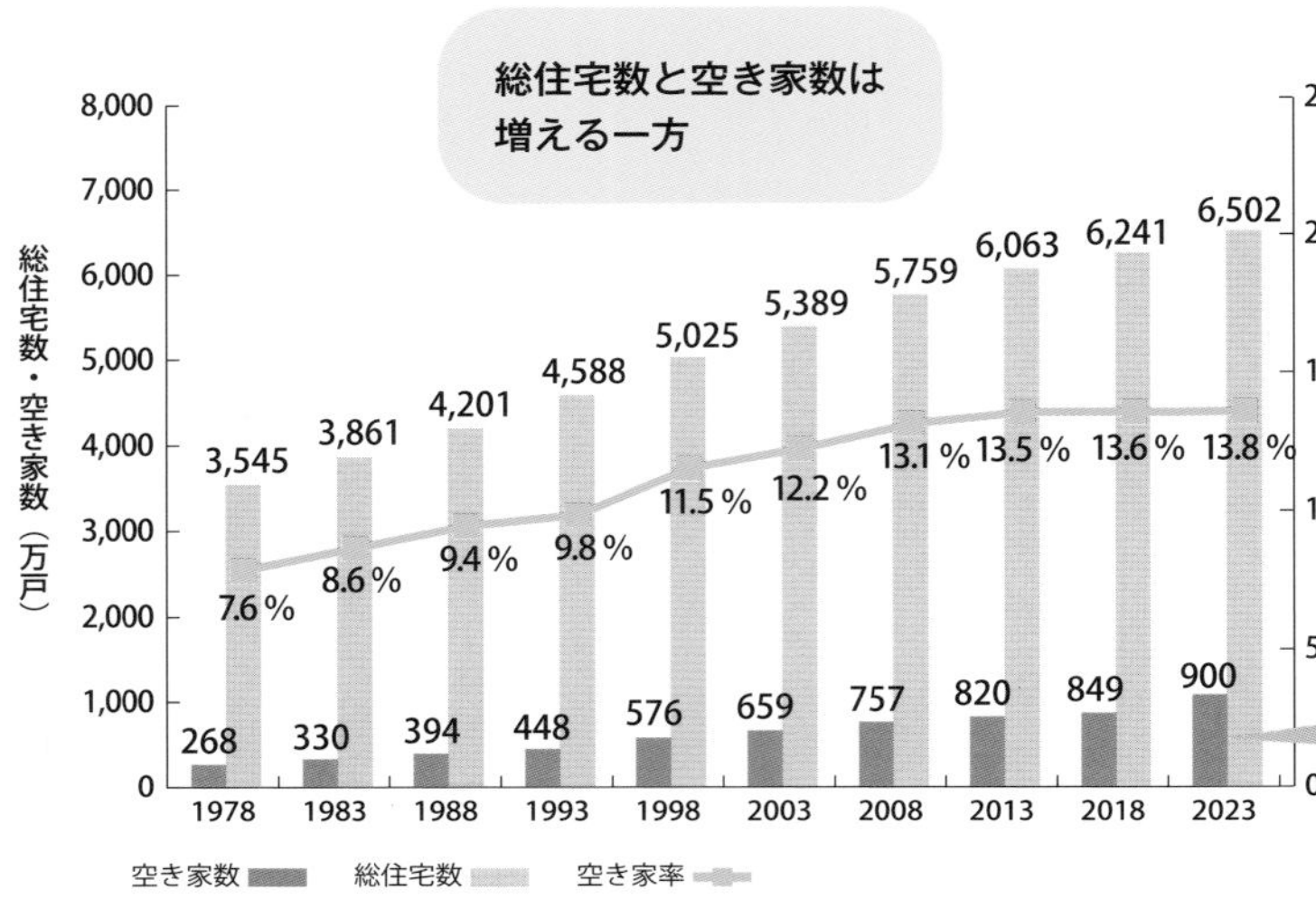

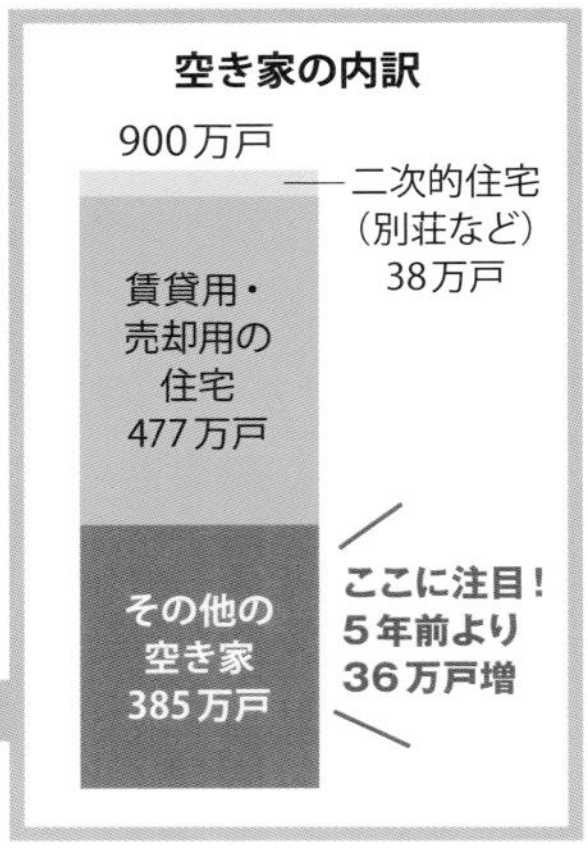

出典：総務省「令和5年住宅・土地統計調査」を基に作成

なぜ空き家が増えるのか？

▼人口減少時代なのに新しい家をどんどん建てるから

- 日本人は新築好き。持ち家、貸し家、分譲マンションを含め、毎年、数十万戸もの新築物件が増えている。
- 政府は長年「景気対策として即効性があるもの」と、個人の住宅建設を位置づけて優遇・助成してきた。
- 欧米先進国はリフォームが一般的。日本の住宅の平均寿命が26年といわれるのに対し、アメリカは44年、イギリスは75年で、中古市場の方が断然盛ん。

▼人が住まなくなってもなかなか解体しないから

- 建物があると固定資産税が更地の6分の1になる。
- 解体費用も高い。地域で異なるが、木造住宅なら50坪で150万～250万円。鉄筋は250万～300万円。

イラスト＝河本徹朗

空き家を減らすための政策

特定空き家

- 瓦が崩れている
- 動物がすみついている
- 建物自体が傾いている
- 立ち木がはみ出している　など

放置したままにしておくと固定資産税が最大６倍に

2015 年施行の空き家対策特別措置法で、各自治体は適切な管理がされていない空き家を**「特定空き家」**に指定、所有者に対して助言・指導・勧告・命令ができるようになった。

それでも状況が改善されない場合は課税額がアップ。住宅が建っている土地は、「住宅用地の特例」により固定資産税が最大６分の１に軽減されており、放置空き家が増える一因になっていた。この特例が解除され、課税額が最大で６倍に上がった。

管理不全空き家

- 所有者が不明
- この先、特定空き家になる可能性がある　など

23年から特定空き家の予備軍も対象に

23 年６月に空き家対策特別措置法が改正され、管理が不十分で今後特定空き家になる可能性があるものを各自治体が**「管理不全空き家」**に指定。こちらも固定資産税が最大６倍に上がることになった。

空き家の相続登記が義務化

相続登記とは、不動産の所有者が亡くなったときに名義を相続人に変更する手続きのこと。所有者が不明のままだと土地の活用を妨げる一因となるため、2024 年４月から相続登記が義務化。相続で不動産取得を知った日から３年以内に相続登記の申請をするのが原則になった。

なお、相続した農地や山林などを手放したいと考える人が、10 年分の管理費用を払って国に譲渡する**「相続土地国庫帰属制度」**でも、空き家の相続登記と解体が条件となる。

各市町村の対策により、これまでに撤去や修繕がなされた空き家は14万戸ほど

田舎の空き家と都会の空き家

田舎の空き家

- 家賃が安くて、広い。農地や山が付くことも。
- 空き家バンクや地域の世話役が物件を紹介してくれる。
- 家は古くてもよい木を使っており、直しながら使える。
- 自治体によっては空き家改修に使える補助金がある。

都会の空き家

- 家賃が高くて、狭い。
- 集合住宅の「空き部屋」も多い（高度経済成長期の団地など）。
- 家は投資の対象。新築マンション数は、バブルやリーマンショックなどの影響を受けてきた。

イラスト＝アライマリヤ

子育てには田舎の空き家がいい！

家賃は出生率と関係がある。2LDKの1カ月当たりの家賃を見ると、高い都道府県ほど出生率が低い傾向にある。特に東京ではその傾向が顕著。「家賃が高くて出産の余裕がない」「子どもをのびのび遊ばせられない」など、都会で実現できないことも田舎の空き家を使えば解決しそうだ。

右の表の太字の県は、全国平均に比べると家賃が低く、出生率と空き家率が高い傾向にある。実際、鳥取県は2022年に全国で唯一、前年より出生率が増加しており、出産・子育ての助成や移住者の住宅支援が話題となった。

都道府県別の出生率と空き家率および家賃の比較

都道府県	出生率(%)	空き家率(%)	家賃(円)	都道府県	出生率(%)	空き家率(%)	家賃(円)
全国	**1.26**	**7.29**	**59,634**	三重県	1.4	9	52,013
北海道	1.12	5.5	56,077	滋賀県	1.43	6.2	58,667
青森県	1.24	7.6	51,495	京都府	1.18	6.1	70,059
岩手県	1.21	8.7	54,793	大阪府	1.22	4.5	71,187
宮城県	1.09	4.6	62,193	兵庫県	1.33	5.7	66,040
秋田県	1.18	8.6	50,662	奈良県	1.23	7.3	53,462
山形県	1.32	6.5	56,366	和歌山県	1.39	11.2	51,671
福島県	1.27	6.8	51,990	**鳥取県**	**1.6**	**8.8**	**50,988**
茨城県	1.27	5.8	51,952	**島根県**	**1.57**	**10.5**	**53,908**
栃木県	1.24	6.2	49,421	岡山県	1.39	8	55,766
群馬県	1.32	6.6	48,188	広島県	1.4	8	60,257
埼玉県	1.17	3.7	64,453	山口県	1.47	9.9	50,121
千葉県	1.18	4.8	60,937	徳島県	1.42	10.3	46,679
東京都	1.04	2.4	90,167	香川県	1.45	9.7	48,228
神奈川県	1.17	3.3	77,285	愛媛県	1.39	10.2	50,536
新潟県	1.27	6.5	55,467	高知県	1.36	12.7	55,927
富山県	1.46	7	54,363	福岡県	1.33	4.8	66,840
石川県	1.38	7	49,838	**佐賀県**	**1.53**	**7.6**	**49,954**
福井県	1.5	7.3	55,803	長崎県	1.57	8.6	60,205
山梨県	1.4	8.7	52,467	熊本県	1.52	7.9	57,078
長野県	**1.43**	**8.3**	**53,409**	**大分県**	**1.49**	**8.3**	**50,383**
岐阜県	1.36	7.1	49,668	**宮崎県**	**1.63**	**9.1**	**53,657**
静岡県	1.33	5.1	57,571	**鹿児島県**	**1.54**	**11.9**	**53,778**
愛知県	1.35	4.1	54,908	沖縄県	1.7	4	56,493

出典：厚生労働省「人口動態統計」2022年、総務省「住宅・土地統計調査」2018年、全国賃貸管理ビジネス協会「全国家賃動向」2024年1月の2LDKの家賃を基に編集部で作成

空き家マッチングの取り組み

放置される空き家をこれ以上増やさず、移住希望者やUターンを呼び込むための器として地域住民と移住者をつなぐ取り組みが増えている。

「家の終活」の相談に乗る取り組み

高齢者世帯は空き家の予備軍。地域の空き家活用組織や自治会が情報把握に努め、空き家バンクへの登録を促す。**長野県飯田市龍江《たつえ》地区（p86）**や**富山県砺波《となみ》市柳瀬地区（p100）**は「家の終活」について気軽に相談に乗れる関係を築こうとしている。

所有者と利用者をつなぐ取り組み

空き家が出たら、できるだけ速やかに移住希望者とマッチングすることが成約率アップの秘訣。移住者を増やし、にぎわいを取り戻している地域では自治会が面談を行なったり**（p92）**、地元から出ていく若者に空き家を紹介して地域に留めたり**（p98）**、つなげる活動に積極的だ。

地域で空き家を管理する取り組み

宮城県栗原市の（一社）はなやまネットワーク（p103）をはじめ、近年、空き家を地域資源化する組織を住民が立ち上げるところが増えてきた。空き家を賃貸・販売するために家財道具の片付けを手伝ったり**（p104）**、庭の草刈りを有料で請け負ったりするなど、「管理」の内容も充実している。

10年で200人の移住者がやってきた町の

空き家活用のしくみ

高知県梼原《ゆすはら》町

文＝編集部

町面積の９割が森林で、四万十川の源流域でもある高知県梼原町。3200人余りが住むこの町が2013年から取り組んでいる空き家活用によって、10年余りで200人余りの移住者がやってきた。その大半が子育て世代で、平均年齢は34歳と若い。

空き家を貸し家にするしくみはこうだ。まず、町が所有者から空き家を10年間無料で借り上げる。その間に台所や浴室、トイレなどの水回りを中心に改修して入居希望の移住者を募り、希望者には月１万5000～１万8000円の家賃で貸し出す。

改修費には国の「空き家対策総合支援事業」を活用し、上限額は１軒930万円に設定。町と県が４分の１ずつ、残り半分を国が負担するかたちだ。町負担分の改修費は移住者の家賃で回収し、空き家の所有者には費用負担を一切求めない。

10年ほどで町負担分の回収を終えたら、町は家を所有者に返却。所有者が引き続き貸すことを希望すれば、その分の家賃収入を得られるメリットもある。

このしくみが始まった当時、町内には約200軒の空き家があったが、これまでに53軒が改修して貸し家となった。安い家賃で、しかも改修済みのきれいな家にすぐに住めるため、子育て世代の移住者に大人気で、空室待ちも出るほどだ。

田舎暮らしを始めるには、安心して暮らせる住環境が不可欠。空き家の活用は、新しい人を増やす受け皿となり、町にもよい循環をもたらす。

町による空き家改修は現在も進行中で、2024年度からは所有者への家の返却が始まる見込みだ。

空き家を貸し家にするしくみ
（空き家活用促進事業）

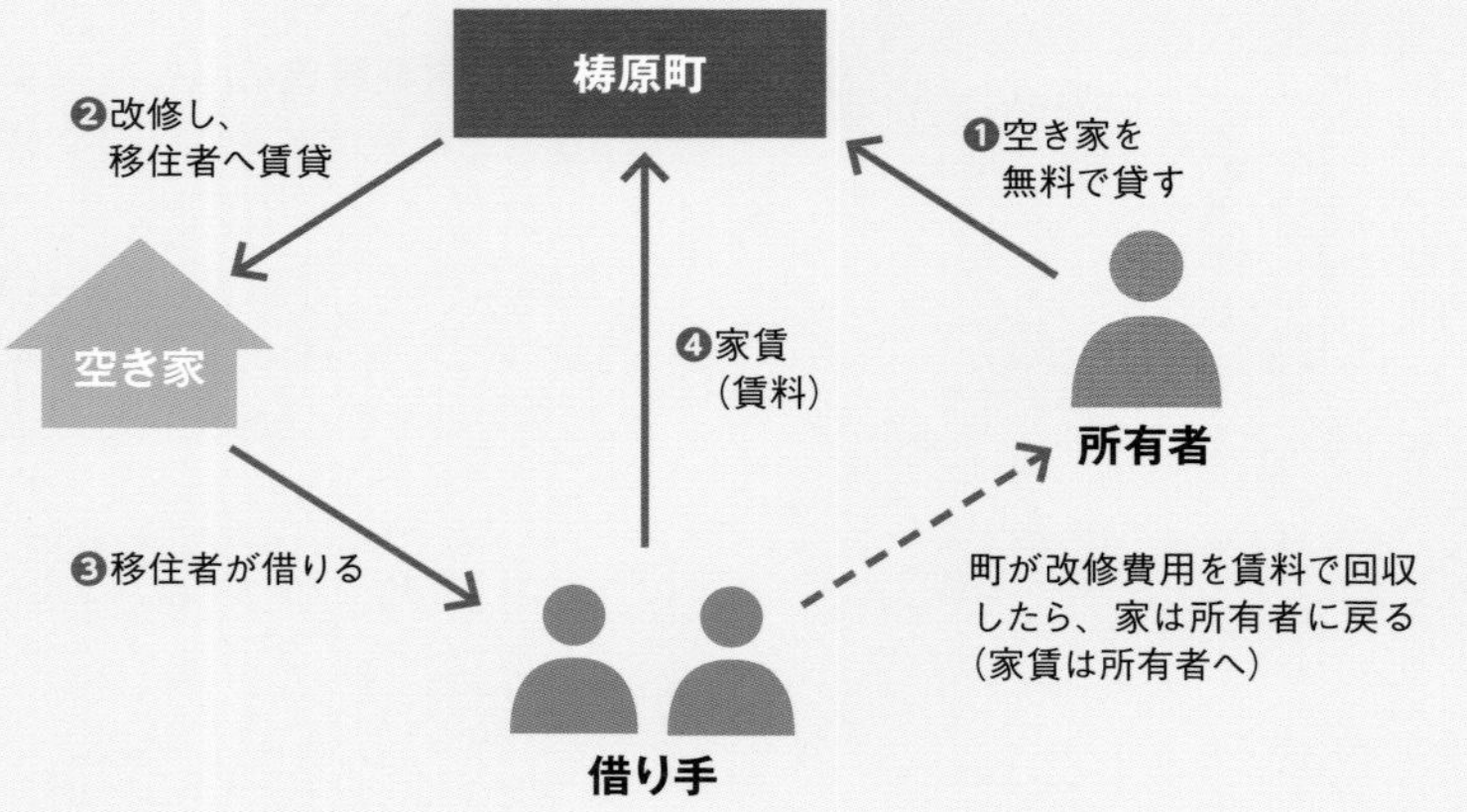

PART 1

田舎の空き家に暮らす

コロナで思い出した夢 身近な師匠に感動しながら リフォーム中

山本健太郎（埼玉県秩父市）

リフォーム作業中の筆者（38歳）。移住前は金融関係の会社に勤めていた

元の家の活かせる木材はなるべく再利用

サウナとコロナで移住

皆さんは、子どもの頃から抱き続けている夢はありますか？ 私の場合は「自分の手で家をつくってみたい！ オシャレで居心地のよい家を」でした。そんな子どもの頃に抱いた夢が、くしくも空前のサウナブームとコロナによって呼び起こされたのでした。

ミーハーな私は、仕事の疲れを熱波で癒してくれるサウナにハマッていました。そんな時に、コロナが直撃したのです。サウナに行きたくても行けない悶々とした日々。自宅の風呂で水蒸気を浴びてみても何かが足りない……。

できないならできるようにする！ がモットーな私は、無謀にも「だったらサウナ小屋つくるか」と思い立ち、動画サイトで検索を始めました。すると夫婦で山林を買って2階建ての小屋を建てた人が出てきたのです。この動画を見た瞬間、全身に電流が走りました。

ああ、ずっと忘れてたけど、俺ってこんなふうに家を建ててみたいと思ってたんだっけ。素人の夫婦が山を切り開いて、格好いいな。

＊面積の数字は延べ床面積。以下の記事も

自宅の玄関前でちょっと休憩

すぐにテレワーク中の妻の元に駆け寄り「仕事しばらく辞めて小屋つくる」と宣言。こうして脱サラし、小屋がつくれる移住先を探すことになったのでした。

「壁」にぶつかったリフォーム

土地探しは難航したのですが、最後の最後に、サクラやフジが咲き誇る平屋の古民家と、その前に20ａの畑がパノラマで広がる物件に出会います。道路から隔離された風の谷のような雰囲気が素敵で、以前住んでいたオーナー夫妻が、今でも家と畑をキレイに手入れしてくれている奇跡のような場所でした。

小屋を建てる前の経験として、古民家改修や畑で自給自足生活にチャレンジするのもいいと思い、この土地に移り住むことにしました。

古民家改修は天井・壁・床を全部はがし、断熱材や新しい壁・床を張ったり、風呂、台所や水道管の全取り換えと、今思うと新築で建てたほうが早かったのでは、というボリュームを行ないました。

素人でも簡単にリフォームできるんだ？と思われるかもしれませんが、残念ながらそうでもありません。

最初は本やネット動画を見つつ我流でやっていました。大雑把にできる範囲であればこのやり方でうまくいっていたのですが、だんだんと細部の技術面で行き詰まることが増えました。日中作業し、夜に技術面のリサーチ。よくわからないまま朝を迎え、とりあえずやってみて失敗して……を繰り返すうちに問題が山積してしまい、押しつぶされそうになりました。

師匠は近所にいた

同時期、家の前の畑で無農薬野菜を育て始めました。こちらは信じられないほど順調でした。野菜を育てて料理をつくる。昨日よりも生長している野菜を見ると気持ちがよかったですし、美味しい手づくりご飯に幸福を感じました。だんだんリフォームから離れ、畑にのめり込むようになりました。

じつは畑がうまくいっていたのは、家を譲ってくれたオーナー夫妻が、へっぴり腰で畑を耕す私の姿を見かねて手伝ってくれていたからでした。80歳なのに私よりも体力があって、何より畑の経験と知識がすごい。

頼れる畑の師匠に
学んで自家用野菜
の栽培に挑戦中

私は人に頼るのが苦手で何でも我流で挑戦することに美徳さえ感じていたのですが、このときやっと気づいたのでした。「畑がうまくいってるのは畑の師匠がいてくれたからだ。家の改修がうまくいっていないのは家の師匠がいないからだ。家の師匠を見つけなければ」と。

そんな方々と出会える場所はどこだろう？ と考えると、あるではないですか！ シルバー人材センターという人財の宝庫が。

人材センターに電話をすると「リフォームの技術相談」という依頼は初めてとのことでしたが、2時間後には引退された大工さんを見つけてくれました。

大工さんは私が質問した内容だけでなく、「はがした壁の廃材、処理に困ってるでしょ？ 土間をコンクリでつくる予定なら、その下に全部入れ込んでカサ上げすれば一石二鳥よ」と教えてくれ、衝撃が走りました。廃棄コストのかかるごみを、価値ある材料に変えてしまうテクニック。本やネット動画からは得られない、現場を知る人からしか教えてもらえないアドバイスでした。

大工さんのあふれるアイデアに感動し、結局2日に分けて5時間みっちり授業をしてもらいました。

◆

私の周りの移住した人、移住を検討している人たちは口を揃えて「条件のいい古民家や畑は滅多に見つからない」と言います。

昔から大切にされている土地を引き継ぎたいと思っている人は増えている印象を受けますが、一方で空き家や畑を持つ近所のオーナーたちのなかには、いろいろな思いや事情があって手放せない話も聞かせてもらっています。

自分は良き土地と師匠に恵まれ、一緒に畑を耕したり、リフォームしたりする楽しい生活が送れています。これからは、自分と同じような出会い・経験ができる人を増やすお手伝いができたらいいな、とボンヤリ考えながら、今日もノコギリとトンカチ両手に家のどこかでリフォームをしています。

＊畑の師匠やリフォーム、畑の様子はインスタグラム(@tochiya_fuda1)で発信中。

河本哲弥さん（34歳）は、妻と長男（2歳）の3人家族

農地と山付き 築100年の古民家を購入

兵庫県神戸市北区淡河《おうご》町・河本哲弥さん

文＝編集部　写真＝久保陽香

母屋と離れ（手前）。家のすぐ裏には山が広がる

こんな家

購入

木造・平屋

築100年以上

母屋と離れと
三つの蔵がある

県内から移住

理想のロケーションの古民家

自然に囲まれた農村生活にあこがれ、結婚・出産をきっかけに移住を決意。神戸市には農村定住促進コーディネーター（p30）がいて、その紹介でこの家に出会いました。2022年に家族3人で移り、現在は近隣の市まで車で通勤しながら暮らしています。

茅葺きにトタンカバーの屋根、家のすぐ裏に山があること、隣家と適度に距離があること、坂の上で見晴らしがいいこと、理想のロケーションに思えました。築100年を超す建物でしたが、傷みも少なく、水回りの改修だけですみました。薪ストーブを入れたので裏山を手入れし、薪を集めて冬に暖をとるのが楽しみです。

2haの農地もセット!?

ただ、購入にはハードルが一つありました。それは農地と家の裏山を含めての購入が条件だったことです。特に農地は2haもありました。非農家の私にとって、あまりに広い農地だったので一時は購入断念も頭をよぎりました。

でも、実際に農地を見て回ると、排水がよく、作業しやすそうな農地が多いことがわかりました。また、地区の営農組合が作業請負をしてくれると聞き、それなら何とかなるかもしれない。

農地取得には農業経験が必要です。まずは宅地と山林だけ登記をすませ、農地は営農組合で働いて経験を積み、資格を得てから登記する条件で契約にいたりました。

営農組合で修業中

現在は、資格取得のために営農組合のアルバイトとして働き、タネ播きからコンバイン収穫まで一緒に作業しています。もう1年経験を積んだら、農地取得を申請する予定です。

私は、就農が目的で移住したわけではありませんでしたが、近頃はスマート農業の導入も進んでおり、ゆくゆくは自分で米づくりもやってみたいです。近くには、半農半Xを目指す人向けの農業スクールがあり、生徒が一緒に作業したいという話も出ています。家も農地も山も活かしていろいろやってみようと、夢は膨らんでいます。

焚き火に、囲炉裏に火のある暮らしを楽しめる宿を開業

林 峻平（鹿児島県伊佐市）

筆者（35歳）と古民家を改修した宿「その火暮らし」。
外壁は製材所の端材を利用した

こんな家
購入
木造・平屋
築100年ほど
180m²
東京から移住

地域おこし協力隊でIターン

北九州市出身の私は、大学卒業後、家具や生活用品を扱う企業に就職。店舗運営から商品の配達、そして海外赴任までいろいろな業務を経験しましたが、ゆくゆくは九州に戻り、食べものや住む場所など「自分の暮らしを自分の手でつくってみたい」という気持ちが膨らんできました。そして、30歳を機に一念発起。鹿児島県伊佐市の地域おこし協力隊に応募しました。2018年のことです。

DIYのやりがいのある家を探す

家探しを始めた当初、よさそうな家に出会えても相続関係が複雑だったり、理想の条件に合わなかったりと苦労しました。

条件に挙げていたのは、眺望がよいこと、隣の家と適度に離れていること、そしてDIY改修のやりがいがあることでした。そうして地元の不動産屋さんから紹介されたのが、長く空き家になりひどく傷んだ一軒の古民家です。「蔵あり」に魅かれて物件を見に行ったら、雨漏りがひどく、床が抜けていたり、剥がれた天井からコウモリが飛んできたりと、正直ここはないなーと思いました。

それでも、何度か足を運ぶうちに小高い場所からの眺めや吹く風の心地よさ、以前は書道教室として人が集う場所だったことなど、知れば知るほどこの家が好きになり購入を決めました。

ワークショップで仲間たちと改修

家の改修を始めたのは20年春。雨漏りする屋根は葺き替えると200万~300万円かかると聞いたので、近所の元職人さんに教わりながら、少しずつ修理しました。

すぐに既製品を買うのではなく、なるべく元の家にあったもの（板や柱など）や土地のもの（土など）を活用。廃材を利用してキッチンの壁面や時計、机や椅子なども手づくりしました。また、断熱改修やたたき土間づくりなど、講師を招いてワークショップで学びをシェアしながら、仲間たちと共にカタチにしていきました。

古民家ならではの太い柱や梁はそのまま活かし、天井は墨汁と柿渋で塗装した。やわらかな暖かさが特徴の石の薪ストーブもお気に入りのポイント

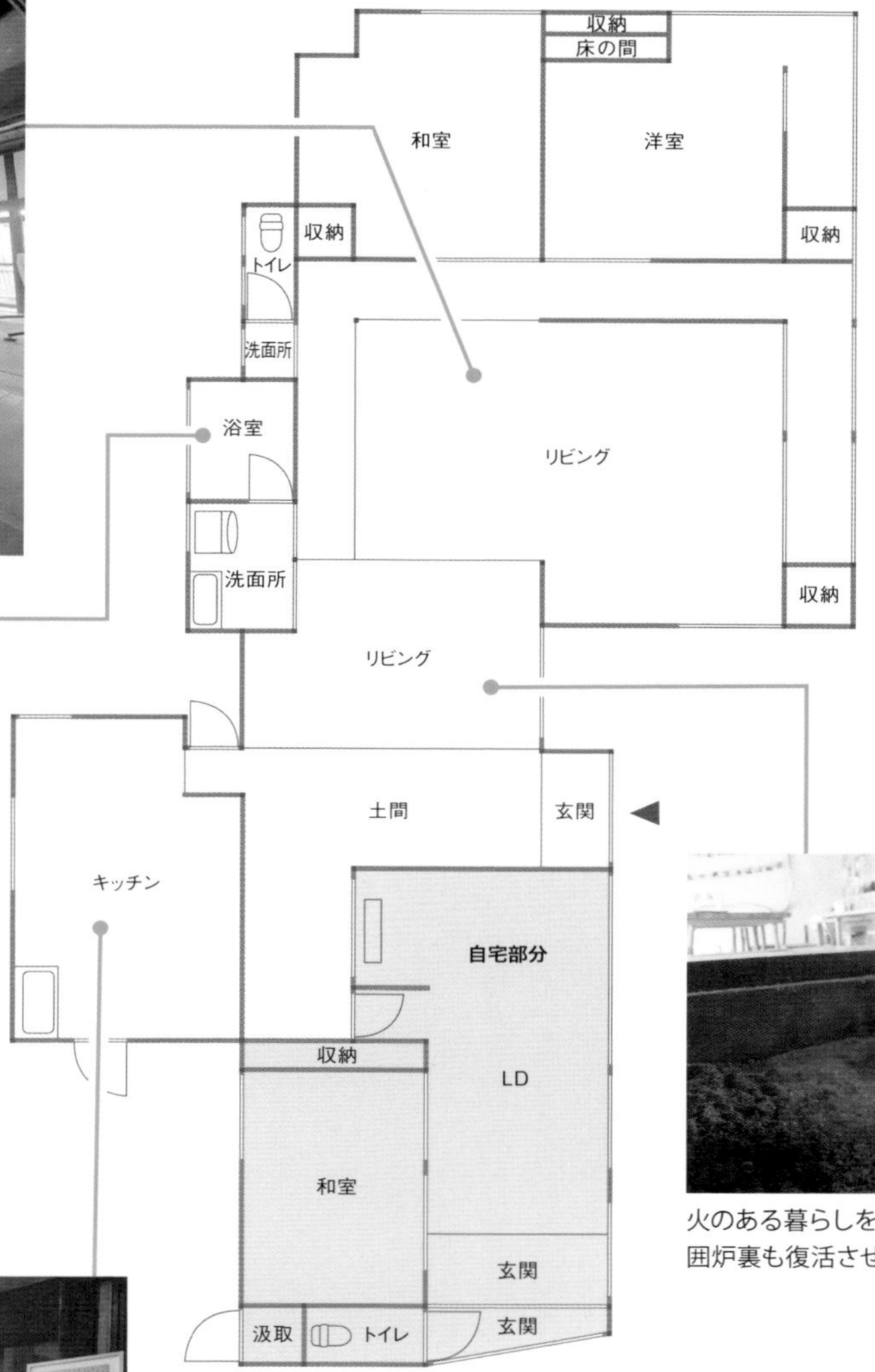

タイルを貼って改修したレトロな風呂

廃材を組み合わせたモザイク壁面が特徴のキッチン。かまども自分で設置した

火のある暮らしを楽しむため、囲炉裏も復活させた

不便を楽しむ宿

そして22年秋、念願だった火のある暮らしを楽しめる宿「その火暮らし」を開業しました。

焚き火で燻す、かまどで蒸す、薪ストーブで焼く……その火暮らしの料理は薪火を使ったものがメイン。庭にはＤＩＹでつくった軽トラサウナも用意しています。燃える火を眺めながら、ちょっぴり不便かもしれない時間も楽しんでいただけたらうれしいです。

集落の百姓とつくった たたき土間がお気に入り

村上健太（宮崎県椎葉村）

筆者（42歳）とシェアハウス仕様に改修した古民家。外装となるスギ板は防虫・防腐のために表面を焼く、焼杉という手法を採用

お気に入りの縁側からの見晴らしは最高

こんな家
賃貸
木造・平屋
築50〜100年
110m²
間取り：3LDK
愛媛県松山市から移住

シェアハウス仕様に改修

大学から15年以上にわたる東京の暮らしにむなしさを覚えた私は、秘境に移り住んで、生きる手応えを感じたいと考え、２０１７年に宮崎県椎葉《しいば》村の地域おこし協力隊に応募しました。

下見の時点で一目惚れしたのが、現在の住まいです。同じ集落に住む大家さんは、当初「人に貸せる状態じゃない」と話されていましたが、「問題があったら自力で解決します」と直談判して借りることができました。田舎の空き家にありがちな名義変更や家財道具の撤去の問題は大家さんが解決してくれたので、後は住めるように建物を改修するだけでした。

集落営農組合が耕す田畑に隣接した立地も活かして、都会と田舎の交差点となる家にしようと、シェアハウス化を企画。それによって県の補助金の活用が可能となり、改修資金の目途が立ちました。

たたき土間で夏も快適

改修のポイントは、断熱・防湿・採光の三つです。なるべく自然素材を使うことや元の家の素材を再利用すること、無理のない間取りにすることをテーマにリフォームしました。

内壁の壁塗りは、費用を抑えるために知人やインターンシップの学生に協力してもらいました。近所の赤土を使って、集落の百姓のみなさんとつくったL字のたたき土間は、夏でも涼しく、新緑や紅葉を眺めるのにぴったりな縁側や、家全体を温める薪ストーブとともに気に入ってます。

目指すは現代版の自給自足

協力隊の任期が終了した20年には、一般社団法人「逞《たくま》しい未来」を設立。使われなくなったキャンプ場のリノベーションや古民家を活用したシェアハウスの立ち上げなど、暮らしにフォーカスした事業を展開することで、移住・定住の促進にも寄与しています。

夢は、「日本三大秘境」のこの村を、現代版の自給自足の暮らし方の聖地にすること。そのためにも、昔と今の暮らしのいいとこ取りをした「自給自足２・０」を開発・研究していきます。

孫ターン就農
空き家を農家民宿&カフェに改修

佐藤美穂子（青森県五戸町）

床、壁、天井と木をふんだんに使ったリビング。構造材の黒い梁は昔のまま見えるように残し、床や壁などの内装には新しい材料を使った

こんな家
相続予定
現在は義父名義
木造・2階建て
築60年ほど
180m²
東京から移住

祖父母の家と田畑を継ぎたい

夫の父は関東で就職し、五戸町《ごのへ》の実家を継ぎませんでした。農家だった祖父母は亡くなり、家は10年以上空き家の状態。田畑も草だらけで荒れていたところへ、2016年夏に「孫ターン」。夫は近隣の農家で2年間の研修を経て、農家になりました。

現在は、祖父母から継いだ農地（水田80a、畑50a）を使って、無農薬・無化学肥料、不耕起栽培に挑戦。イネをはじめ、ニンニク、ナガイモなど少量多品目の野菜を育てています。

都内のIT企業でエンジニアをしていた夫は、子どもの頃、盆と正月はいつも祖父母の家で過ごしていたそうです。夏は畑仕事を手伝い、冬は雪遊びをした記憶が大人になってからも鮮明に残っており、いつか祖父母の家に戻りたいという思いがありました。

一方、私も知人のところで農業体験や援農のボランティアに参加したことがあったので、将来は田舎で農業に携わる暮らしがしたいと考えていました。

筆者（左・40歳）と夫の岳広（41歳）。現在は子ども3人と5人家族

農のある暮らしとコミュニティ

祖父母の家は築60年以上、母屋に馬屋が併設された、この地方ならではの伝統的な建物です。その馬屋部分を隣町の業者に頼んでリフォームしてもらい、19年には農家民宿&カフェ「音水小屋《おとみず》」を開業しました。

1階がカフェで、2階に客室が二つ。囲炉裏の煙で燻された黒い柱や梁と、真新しい県産無垢材の2トーンがきれいなところが気に入っています。改修費には県の女性起業家向けの融資制度を活用しました。

移住から7年余り。当初から思い描いてきたのは、農のある暮らしです。夫が年間20種類以上の野菜をつくり、私が民宿やカフェ、役場への出張弁当販売に利用するほか、知り合いに販売しています。

田舎に住んでみると、そんなことまでやるの！と思うくらい、地域の役割や活動がたくさんあります。良くも悪くも人とのつながりが濃密で、ここで暮らすには地域の方々とのコミュニティが必要不可欠です。

実録！ 田舎の家の探し方

漫画＝市橋俊介

皆さん こんにちは 田舎暮らし歴10年 田舎から田舎へ５回の 引っ越しも経験した 農的田舎暮らし漫画家 市橋俊介と申します
今回は田舎暮らしで 最初に直面する 家探しの問題を 私が実際に体験した 五つの方法から ご紹介します！
184
2013年から農的田舎暮らしを開始し その様子を漫画にした 『ぼっち村』『ぼっちぼち村』を発表
ちなみに『ぼっちぼち村』2巻は 農文協から電子書籍として配信中！
私の最初の 田舎暮らしの家は 空き家バンクで 見つけました！
① 空き家バンク
役所
市町村
貸したい人
登録
物件募集
情報提供
登録
借りたい人
TOKYO
空き家バンクとは 空き家問題に悩む自治体が 物件を募り移住希望者に その情報を提供する制度です
実際の契約や交渉は当事者間 又は宅建取引業者を通じて行なう
以前は情報が古すぎる等 問題が多かったが 近年は改善傾向にある
自治体ごとに 登録するのは面倒ですが 地域の情報や雰囲気も わかるのがいいです
その地区は 移住者がとても 多いですよ
私は憧れの 古民家を借りる ことができました！
ち…
築200年!!

ただしトラブル防止に契約には宅建業者を入れたほうがいいです
役場は情報を提供するだけでトラブルが起きても関与しないのでソレにより市橋も退去に至った
家賃安すぎたし畑も貸すなんて言った覚えはない!
大家
むしろ大家が地元の有力者だったりすると役所も相手の言いなりだぁ!!
ヒィィィ
次に私が頼ったのが結局一番オススメの民間の不動産業者です
引っ越す市橋
空き家バンクも地元の不動産業者と連携していることが多いので避ける理由はありません
② 不動産業者仲介
よし次はココだ!ネットに出てない物件もあるハズ!?
田舎不動
田舎物件には賃貸は少ないのですが…
売買ばっか…
あきらめずに探し続ければ思わぬ出会いがあるモノです
まだ公開してない牧場地帯の物件がちょうど出たんですよ!
高原の一戸建て…農地としても使える敷地面積3000㎡家賃3万!
うおおお…
気になる地域の不動産屋を何軒も回り巡り合えた標高1400mの物件
スゲイ!山がキレイ!!
まぁ私の場合調査不足と覚悟不足でこのステキ物件からもスグに逃げ出したんですけどね…
あばばば
あばば
あぁぁ
−20℃を下回る冬の峻厳な寒さに堪え切れず撤退
ソコで田舎にあふれる空き家を見つけては所有者を探し出し…直接交渉する方法で私は次なる物件を探しました

③ 空き家直接交渉
空き家発見!
ココにも空き家!!
すみません ソコの空き家の所有者さん知りませんか?
とは言え見知らぬ人間の怪しい話に耳を貸す人などなかなかおらず…
ん〜っ… 誰だアンタ? 悪いけど知らないねぇ
ダメだ ダメだ!! 出て行け!
断られたり怒られたりするばかりでした
ハードルは高いですが住む前に地域の雰囲気はよくわかります
ピー
ヒョロロロロ…
結果この方法で4年近く住むことになる山間の限界集落に家を借りられました
ココまでが私が経験した田舎物件の賃貸での探し方です
この後より理想の田舎暮らしを求めて私はついに家を買うことになります
④ 中古物件購入
売買物件は賃貸と比べ物にならないほどたくさん出ているので小まめな情報チェックが大切です
売物件
資金さえあれば新築もアリですがまずは買うより賃貸で自分との相性を確かめるのがオススメです
もっと住みたい場所あった
思ってたんとちゃう!!
市橋も賃貸で3カ所移り住んだことで自分の理想がわかった
また購入になれば別荘物件も選択肢に入って来るので地域との距離感も考えるといいですね
別荘は集落から離れていたり管理費が掛かる場合が多い

こうして私は ついに理想の 田舎暮らしを 手にすることが できたのです
この憧れの地と 超ステキな家で 俺の一生を捧ぐ 農的田舎暮らしが 新たに始まる!!
観光地としても人気の 農業地帯の森の中に 美麗中古戸建てを購入
近くに2000㎡の 農地も借りられた
妻→
が…じつはこの家も 4年で手放すことに なってしまいました
理由はいろいろあって 本当に無念でしたが…
妻の就労
難病発覚
長男誕生
教育
コロナ襲来
漫画のネタ
とにかく私はある地方の 畑に囲まれた田舎物件へと 最後の引っ越しをしました
その物件探しの 手段こそ競売でした
⑤ 不動産競売
競売
競売とは諸事情あって 裁判所が差し押さえた物件を 入札により強制的に 売却する制度です
差し押さえ
債務者
(元所有者)
裁判所
アナタに決定!
落札者
(最高額入札者)
やった!
入札者 (ほとんどが業者)
当然狙った場所に 狙った条件の家が 出ることはまれで 落札できるかも 運だったりします
私の場合 全てが奇跡的に進み 落札できましたが…
自分の家に なったのに まだ入ることも できないとは…
落札してからも 難題が多いので 正直オススメは できません
占有者の立ち退きや 残置物撤去のための裁判など 落札後も素人には厳しい
そんな感じに 物件探しは 様々ですが…
とにかく 楽しんで探すのが 一番だと思います
家探し含めて 詳しくは 漫画を読んでネ!

移住者から、地元から
空き家にまつわる 苦労話と(ちょっと)アドバイス

実際に空き家をお世話した地元の人や、
空き家に入居した移住者たちに聞いた貴重な体験談です。

まとめ＝編集部　イラスト＝河野やし

地 …地元の人の話
移 …移住者の話

盆や正月に帰るかもしれないから貸せない

地

たしかに、故郷に帰る家がなくなるのは寂しいですよね。私たちは、NPO で空き家を何軒か管理していますが、1 軒は短期間でも借りられる「お試し空き家」にしています。家を貸してしまった人には、墓参りや盆・正月に帰省した際ここに泊まってもらいます。その場合の宿泊料はもちろんタダにしています。

（広島県　住民組織）

世間体が悪いから貸せない

地

家主はその地域に住んでいなくても近所の評判を気にするんですよね。「空き家で金儲けするなんて世間体が悪い」とか言って貸すのを渋るんです。貸した後もすごく気にしている。なので、移住者の受け入れをやってる僕らが、**まわりにいいウワサを広めてあげる**。「僕らがどうしてもと必死にお願いしたから、『むらおこしのために一肌脱ぐ』と貸してくれたんです」と、ひたすら言いまくるんです。

（岡山県　A さん）

「空き家はあるけど貸し家はない」問題に挑む

仏壇があるから貸せない

地

移住者向けに空き家のお世話を始めて 5 年ほど経ちますが、何度家主さんからこの言葉を聞いたことか。仏壇の引っ越しや処分の仕方を教えてあげると話が進むことがあります。

仏壇を移転または廃棄する場合は、お寺や仏壇屋にお願いして**「お魂《みたま》抜き」と呼ばれる供養を行なうといい**。ワシらんとこでは、地元の仏壇屋に頼むと 1 万円ほどで「お魂抜き」し、仏壇も引き取ってもらえますよ。

（広島県　住民組織）

チラシを配って反応を見る

移

自然豊かなところに移住したくて、あちこちの不動産屋に行きましたが空き家情報はほとんどないし、そもそも不動産屋がないところも多い。そこで気に入った地域があれば、「家を探しています」と書いたチラシを持ってむらを歩いて回りました。

こちらから「いいところですね」と声をかけ、チラシを手渡すと「田舎だけどねぇ、そんなに気に入ったの？」とニコニコ対応してくれる地域もあれば、「ちょっとお手伝いはできません。ゴメンなさいね」とけんもほろろな地域もありました。むらの人と実際に話せたので、**自分が移住してもOKなのか、排他的な雰囲気なのか、かなりよくわかり**、やってよかったなぁと思いました。

（東京都　Bさん）

気に入った家を探すまで

なぜ、そこ？

地

移住希望者へ空き家のお世話を始めた頃、神奈川県出身の6人家族が引っ越してくることになりました。子どももいるし、都会出身だったので「町の中のこぎれいな家が便利だしいいだろう」と思い、そういう物件を案内しましたが、どうもあまり気に入らない様子。しかたないので、町の中心部から車で15分ほど入った山間部の集落に連れていくと、そこの空き家が気に入り、すぐに入居を決めてしまいました。聞くと、自然豊かなところでのびのび子育てしたくて、山に近い家、土間や蔵がある田舎らしい家を探していたとのこと。ゆくゆくは茅葺きの古民家を買って、リノベーションすることも考えているそうです。

地元の人でも奥の集落から出てまちなかに引っ越す人もいるくらいなんですが……都会の人の感覚はなかなかわかりませんね。

（秋田県　Cさん）

凍る家

移

地方へ若者を派遣するプログラムを利用して岩手県に移住。最初に用意してもらった住居はけっこうボロい空き家でした。すぐ裏が山だったので、夏はカマドウマが大量発生。でもさらに大変だったのは冬でした。冬はマイナス十何度まで冷え込むんですが、そういうとき室内の気温も普通にマイナスなんですよ（泣）。寒い地域には水道管に残った水が凍らないようにするための「水抜き」設備があるのですが、それでも水道管が凍りました。給湯タンクからの配管が使えず2週間くらいお湯なし生活……さすがにメンタルがやられそうになりました。

任期後も地域に残ることにしましたが、もう寒い家はコリゴリ。**家の断熱って大事だなぁ**と身をもって感じました。

（岩手県　Dさん）

物が多すぎて片付けが超大変！

空き家を借りて一番大変だったのが荷物の片付け。家主さんは何でも好きにしていいよと言ってくれたので、「貴重な掘り出し物があるかも！」と最初は一つ一つ箱を開けて中を確認して作業しました。いろいろ出てきましたよ～、**地域の慰安旅行で当たった景品とか、昭和の結婚式の引き出物とか、テレビの鑑定番組に出てきそうなブリキのおもちゃとか**。でもそんなことやってたら、片付けに10年はかかります（苦笑）。もったいないなぁとは思いましたが、結局箱ごと捨てまくりました。

入居から１年くらいたちますが、今もぼちぼち片付けながら暮らしてます。　（岩手県　Ｆさん）

入居後もいろいろありました

大型犬パラダイス

自治会でNPOを立ち上げ、空き家の斡旋を始めたばかりの頃。60代の定年Iターン夫婦の入居が決まり、みんなで喜んでいました。「犬が好きなんですよ」というので、「都会のマンションだとペット不可も多いですからね」とにこやかに返答したもんです。

ところが入居から数日後、ご近所から「犬の鳴き声がうるさい」と苦情がきました。さっそく訪ねていって**玄関を開けたら、中から大型犬が10匹以上も飛び出してきてビックリ！**さすがにこれだけの数となると鳴き声もかなりの大音量でした。申し訳なかったのですが、近所との関係もあるので、２カ月後に家を出てもらいました。それ以来入居希望者にはNPOが事前に面談。ペットの有無はもちろん、数も確認しています。

（広島県　住民組織）

えっ！　アナタ誰??

移

３年前、Iターン就農しました。地元の方に紹介してもらった家は、ひとり暮らしのおばあさんが福祉施設に入って、１年前から空き家になっていた平屋です。

入居してしばらくしたある日、農作業を終えて家に帰ると、**知らない人が家の中で何やらガサゴソ……**。恐る恐る「すみません、どちら様ですか？」と声をかけると、「アナタこそ誰ですか!?」。家主のおばあさんの親戚の方だったんですが、完全に僕のことを不法侵入者扱い（苦笑）。

慌てて、家を仲介してもらった方を呼んで、経緯を説明してもらったおかげで事なきを得ました。地元の方の仲介だから、親戚も安心したようです。これが地元にいない都会の不動産屋だったらと考えるとゾッとしました。（島根県　Eさん）

引っ越し挨拶の粗品はみんな箱ティッシュ

地

集落で移住希望者用に「お試し住宅」を用意しています。ありがたいことに、希望者が多く半年～１年ごとに新しい人が入居する状況です。「お試し住宅」の近所の人は毎年違う人から引っ越しの挨拶を受けるので、粗品が違うと「前の人は高級菓子だったのに今回の人は安物のタオルだった」みたいになってしまうと思ったんです。移住者も何を持っていくか悩むと思うので、粗品は箱ティッシュで統一！ **ティッシュも熨斗《のし》紙も会で用意しているので、移住者は配るだけ**です。（岡山県　住民組織）

退去日は突然に…

移

空き家を借りて、ゲストハウスをやっていました。もともと外観が気に入って借りた家で、修繕が必要なのは覚悟のうえ。床を張ったり、壁を塗ったり、自分でできることはやりましたが、おカネはそれなりにかかりました。

ところが入居から３年ほどたったある日、家主さんから「急に息子が家族と戻ってくることになったから出ていってもらいたい」と言われてしまいました。賃貸契約は家主さんと直接結んでいて、２年ごとの更新。本来は一方的な契約解除はできないはずなので突っぱねることもできたかもしれませんが、せっかく築いた地域や家主さんとの関係をこじらせるのも嫌だったので承諾。その時は仕方ないと納得して諦めましたが、**「何のためにおカネかけて改修したんだろう」**と今でも時々思いますね。（長野県　Gさん）

貸してても「俺の家」

移

知人に聞いた話ですが、近所に住んでる家主さんが「貸してはいるけど、俺んちだし」とか言って結構頻繁に来て勝手に上がるらしいです。都会の賃貸住宅じゃありえない話だと思いましたが、地方では**「家を貸すなんて初めて」って人ばかり**だから、常識がわからないみたいですね。知人は別に迷惑でもなかったので、普通に対応していたそうですが、僕だったらちょっとしんどいかも……。（東京都　Hさん）

Q&A 空き家についてもう少し知りたいこと

いろいろ気になる空き家のこと、いろんな人に取材しながら編集部でまとめてみました。

まとめ＝編集部

「空き家」はなぜ傷むのか

Q 人が住まなくなると家はどうなりますか?

A 木造家屋にとって最大の敵は湿気です。

閉め切った室内で日中暖まった水分を多く含む空気は、夜気温が下がると湿気となり、じわじわと木材を腐朽させます。そのため、誰も住まなくなっても時々は来て、窓を開けて風を通すことがとても大事。

また、水回りは使用しなくなると3年ほどで錆《さ》びて使えなくなってしまいます。さらに、ネズミなどの動物が繁殖すると、配管や電線などに穴をあける被害も考えられます。

Q 豪雪地帯だと空き家は雪の重みですぐにつぶれてしまうらしいですね。

A これも閉め切って湿気が抜けないのが原因。

柱などが腐ってきて、そこへ冬のドカ雪が積もったときにつぶれてしまうのです。だから雪国では「むらを出るときは家をつぶしていくもの」とよく聞きます。

しかし、だからといって雪国に空き家がないわけではなく、夏の間に何回か来て換気や草刈りをマメにやっている空き家も結構あります。そういう家は状態がいいので掘り出し物かもしれません。

Q シロアリ被害も怖いです。

A 空き家がシロアリにやられていても、ほとんどの場合は駆除処理後、被害箇所を補強する程度で問題なく住めます。

シロアリ駆除業を営む新潟防虫の茂木豊彦さんに聞くと、「シロアリは多湿を好むと思われがち

だが、そういうわけではない。空気が淀んで停滞していると増える」。そもそも空き家になると、「家そのものに活気がなくなるので、シロアリ被害は決定的に多くなる」とのこと。

　また、外国産材や集成材などにはシロアリのエサとなるセルロースが多く比較的被害にあいやすい。逆に長い時間をかけて育つ国産の無垢材はたとえシロアリ被害にあっても軽傷ですむことが多いのだそうです。

「空き家はあるけど 貸し家はない」問題

Q なぜ住んでいないのに貸してくれないの？

A **「仏壇や荷物が置いてあるから」「盆や正月に帰ることがあるから」などのほかに、相続や登記の問題もあるようです。**

　相続での名義変更がされないままになっていると、家は貸したり売ったりできません。また、相続人が複数人いる場合は手続きが面倒です。ここは家主に重い腰を上げてもらうしか解決策がないので、間に立つ人の役割がとても重要になります。

Q **都会に出て行った人がたくさんいるのだから、本当は貸せる空き家もたくさんあるはず。なんだかんだと理由をつけて移住希望者に意地悪しているのでは。**

A **普段住んでいなくても、いざ貸せといわれて「えっ!? 荷物置いてあるし」「たまに帰るかもしれないし」ととっさに思ってしまうのは、家主の心がまだしっかり故郷のむらにある、ということです。**

　もしかしたらこういう家主には、無理に空き家を貸してもらう算段をするよりも、地元出身者として地域を外側からサポートしてもらえるよう協力を頼んでみるほうがいいかもしれません。地元との絆を深めておけば、いずれUターンして地域を支える人材になる可能性もあります。

空き家の紹介や契約について

Q 空き家を移住希望者に紹介したり、契約したりするには資格が必要ですか？

A **空き家を紹介するだけなら資格はなくて大丈夫。ただし、第三者として契約の仲介をしたり、仲介手数料を取ったりすることはできません。契約時は貸し手と借り手で直接契約をしてもらうか、地元の不動産屋にお願いするといいでしょう。**

　不動産屋に頼むと、万が一トラブルがあったときのための書類などをそろえてくれるので安心です。物件についての詳細（築年数や面積、設備など）も契約前に知らせてくれるし、面倒な登記変更なども代行してくれます。仲介手数料は売買の

場合、販売額の3〜5%＋消費税。賃貸の場合は1カ月分の家賃＋消費税程度といわれます。

Q　貸し手と直接契約して空き家を借りることになりました。契約書は必要でしょうか。

A　賃貸契約そのものは口頭のみでも成立しますが、やはり何かあったときのために、書面に残しておいたほうがいいでしょう。

契約書のひな型（「賃貸住宅標準契約書」）は国土交通省のホームページに公開されています。

たとえば、契約書を作成して「改修は借り手が行なう」ことを明文化したり、更新契約のタイミングを2年ではなく10年に設定することも可能です。ちなみに賃貸物件の改修は、普通貸し手がやるものですが、双方が納得すれば借り手がやってもOKです。

Q　農地や山林が付随する空き家の場合は？

A　農地は、自ら耕作する意思があるならば、市町村の農業委員会に問い合わせて、貸借または売買の手続きをします。

かつて、農家でない人が農地を買ったり、借りたりするときは50a以上のまとまった農地でなければ認められませんでした（農地法第3条）。しかし、2009年の農地法改正で、下限面積は市町村の農業委員会が地域の実情に応じて独自に設定できるようになり、全国で引き下げられてきました。その後、22年春の「農業経営基盤強化促進法等の一部を改正する法律案」により、23年に農地の取得に関する下限面積要件は廃止となりました。今後は小さい農家が続々誕生し、農的な暮らしを楽しむ人が増えそうです。

一方、山林は、特に規制がないので家と一緒に貸借または売買できます。ただし、所有する山林の位置や隣地との境界をはっきりさせておかないとトラブルのもとになる可能性があるので注意が必要です。

Q　火災保険は貸し手と借り手、どちらが加入するべき？

A　火災保険への加入は自由です。貸し手が加入している場合もありますが、「万が一の際、どちらがどの費用を負担するか」によっては借り手が再度加入したほうがよいこともあります。

一般的な賃貸物件（都市部のマンションやアパートなど）では、貸し手が建物にかかる火災保険に加入（主契約）し、借り手が特約の「家財保険」（火災で燃えたりした家財を新品で買いなおせる補償）や「借家人賠償責任保険」（失火により賠償が必要になる際の補償）などに加入することが多いようです。

空き家の改修について

Q 空き家を改修する際には、どれくらいの費用がかかるものなのか。相場を知りたい。

A **リフォーム費用は、空き家の大きさや状態によって大きく異なります。たとえば、雨漏りしているようなら屋根の補修に加えて室内の改装で100万円以上の費用がかかります。特に台所やトイレ、風呂などの水回りは劣化が進みやすいので優先的にリフォームが必要となります。**

近年は古い民家のDIYを楽しむ人が増えています。床張りや壁の断熱、屋根のペンキ塗りなど、自分でやることで改修費用が安く抑えられるだけでなく、自分のイメージに合わせて細かく手を入れられるなどのメリットがあります。

自治体によっては、DIY施工も含め、改修費用の一部を支援してくれる補助金もあります（詳細はp108）。

主なリフォーム工事の費用相場

床のフローリングの張り替え	5万～7万円/10㎡（6畳）
壁紙のクロスの張り替え	5万～8万円/10㎡（6畳）
内窓（二重窓）の設置	8万～15万円/箇所
断熱リフォーム（壁に断熱材を施工）	4000～3万円/㎡
浴室の交換	80万～100万円
トイレの交換（和式から洋式へ）	15万～50万円
洗面台の交換	10万～25万円
台所のリフォーム	50万～150万円
雨漏り修理（屋根の場合）	1万～40万円/箇所
耐震補強工事	25万～150万円

出典：（一社）住宅リフォーム推進協議会「住宅リフォームに関する消費者実態調査」2023年、サイトの平均的な相場を基に作成。耐震補強工事は40坪の木造住宅を参考に、築50年以上は180万～230万円が相場

空き家の解体について

Q 老朽化した空き家を解体したい。なるべくおカネをかけない方法は？

A **当然ですが、業者に丸ごと頼めばそれなりにおカネがかかります。解体費用の目安はインターネットで調べると、一坪2万～6万円と幅広く、木造か鉄筋か、重機が使用できるかどうかなどの条件によって単価が変わるようです。**

おおまかな目安としては、50坪の木造平屋で150万円くらい。自分で屋敷内の荷物だけでも処理しておくと少し安くなります。また、業者に頼まず自分で解体してしまう手もあります。解体許可は必要ありませんが、延床面積が80㎡以上になると申請が必要になるので、市町村に問い合わせてみてください。また解体後は1カ月以内に登記変更（建物滅失登記）が必要です。

先輩移住者が教える

「空き家に移住！」の流れとポイント

文＝鶴巻耕介　写真＝久保陽香

空き家を活かした移住者の受け入れは
どのように進められているのか？
先輩移住者の鶴巻耕介さんにうかがった。

　まずは自己紹介。市からの委託で「農村定住促進コーディネーター」をしている鶴巻です。神戸市北区の空き家と移住希望者をマッチングするのが仕事です。土地や物件を取り扱う「宅建」の資格はありませんが、私自身も元は移住者。市が2015年にコーディネーターを募集した際、自分の経験が活かせるのではと手を挙げました。

　現在は、私と建築士（地元出身、50代）、古民家カフェや学習塾の経営者（地元出身、40代）の3人チームで活動しています。

筆者（39歳）

　さて、神戸市というと都市や海のイメージが強いかもしれませんが、じつは近畿圏でも農業生産が多い地域。私が住む北区淡河《おうご》町は市街地に近いものの、茅葺き民家も数多く残る農村地帯です。

ステップ 1 まず空き家の確保

「田舎には空き家があちこちにあるので、住まいには困らないだろう」というノリの移住希望者が後を絶たないが、そうはいかない。空き家には、空き家になっている理由があるもの。

家にある仏壇、残置物をどうするか、農地はどうするか、あるいはいつ帰ってくるかもしれない子どものために残しておきたい……。家の相続はたいてい一筋縄ではいかないのだ。

空き家は、売却までの法的手続きが面倒だったり、建物として思わぬ欠陥が見つかったりも多い。

我々のチームでは、自治会や農家とともに、各自の情報網を使って常に空き家情報を拾い上げようと努めている。そうやってようやく物件を見つけているのが現状だ。

ステップ 2 交渉可能な空き家が見つかったら、次は内見調査

内見調査には、空き家の持ち主、我々コーディネーター、市の職員、さらにヘリテージマネージャーと呼ばれる農村地域の法令に詳しい建築設計士チーム（市からの委託を受けている）が参加する。建物の写真なども撮影するので、1時間ほどかかる。

農村地域の住居は、乱開発を防いで景観や農地を維持するために、とても難解な規制がかかっている。そこでヘリテージマネージャーが、その家の建築年代や建て替え履歴、増築年などを調べ、各時代の航空写真や公図と照らし合わせて確認する。

たとえば、もしもその家が「農家住宅（*）」だった場合、非農家が取得することに制限がかかる。制限を解除できるか判断するためにも、内見調査が必要となる。

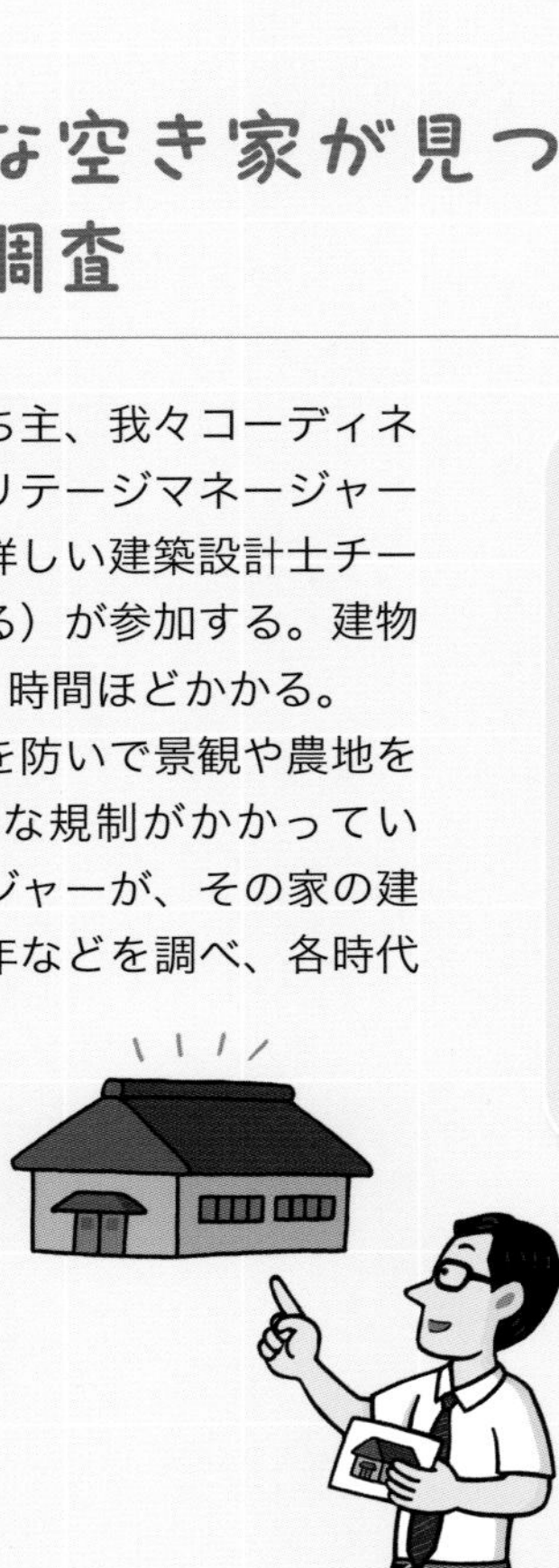

ヘリテージマネージャー

ワンポイント

この段階でも、まだ持ち主が手放す意思を固めていないケースもあります。たとえば、持ち主が高齢で、家の中の物の処分を負担に思っている場合。そういうときは、家の中の物はこのままの状態でも大丈夫ですと説明したり、空き家を買う人に処分代を負担してもらう代わりに売却価格を少し下げる方法もありますなど、提案したりします。

＊農家住宅とは、農家が農業を営むうえで必要と判断され、特例で市街化調整区域でも建てることが認められた住宅。

イラスト＝河本徹朗

ステップ 3 法的な調査をすませてバンク登録へ

将来的に建て替えが可能な家か、飲食店などの開業ができるかなど、条件は物件ごとに様々。そうした法律上の制限をヘリテージマネージャーと市の職員で調査する。そのためには市役所の複数の部署での確認も必要となり、調査は通常2～3カ月かかる。これがすむと、持ち主と相談して希望の売却価格を決め、空き家バンクに登録となる。

ワンポイント

「売却金額は、交渉希望者が現われたときまでに決めればいいのでは」と持ち主はいいますが、買い手は空き家なら50万円、100万円と格安で買えると思っている人が多いのです。そうした買い手との無益なやりとりを避ける意味でも、仮でもよいからと、この段階で売却価格は決めてもらっています。

ステップ 4 移住相談会を開催

我々のチームでは、定期的に移住相談会を開催して移住希望者を集めている。遠方の希望者には、オンラインで問い合わせに対応。最近は月に10～20世帯の問い合わせがある。

移住希望の場合は、インターネットから空き家バンクに利用者登録してもらう。登録はネットでできるが、実際に物件を紹介するのは相談会に参加した方だけと決めている。相談会では消防団や婦人会など、地域活動への参加の必要性や物件取得の予算の目安も正直に伝える。対面でコミュニケーションを取ることは、その後のミスマッチを避けるためにも大事なので欠かせない。

ワンポイント

神戸市では「神戸農村スタートアッププログラム」（農村での創業スクール）や兼業農家を目指すための各種スクールも進められており、この参加者が移住につながるケースも少なくありません。すでに地域への理解が深まっているし、こちらもその人となりがわかるので、マッチングも成功しやすいです。

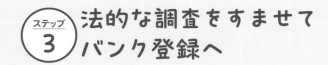

ステップ 5　空き家と移住希望者をマッチング

空き家バンクに登録されている情報を、関心があると思われる複数の希望者に一斉メールで連絡する。メールには物件の写真を添付することはもちろん、売却価格（あるいは賃貸価格）、建築士が見立てた修繕が必要な箇所とおおまかな修繕費についても記載する。

ワンポイント

農村の空き家で即入居可能な物件は極めて少ないです。修繕も含めた総額で予算をイメージしてもらうことが大切です。修繕や建て替えの可否など、どちらかというとネガティブな情報もポジティブな情報以上にしっかり記載することを心掛けています。

メールの例

【取り引きについて】
1000万円を基準に交渉をご希望されています。

【間取りについて】
- 1階に4部屋＆台所、2階に2部屋（持ち主の方記入の登録カードより）。
- また納屋が隣接しており、そこに風呂、トイレ、2部屋あります。
- 駐車場は2～3台駐車可。

【おすすめ箇所】
- 大きな幹線道路から離れていて、静かで交通量も少ないです。
- 最寄りの小学校までは車で5分ほど。比較的農村では利便性が高いです。
- 持ち主の方は、周りの雑木の処理なども一緒にやってくれるそうです。

【マイナス点】
- 水回り全体が厳しいので、修繕は1000万ほどを見込む必要がありそうです。
- 法律の関係で、裏の倉庫を壊すことが条件となっています（取り壊しに数十万かかると思われます。要相談）

【その他】
- 最寄り駅まで車で20分程度です。

農村は本来、農業生産を営む場所です。
しがらみを避けて地域と関わりもせず、
縁側でひとり本を読むための別荘地ではないし、
そもそも冬を除いて草刈りに追われるので、
ゆっくりなんてできません。
その事実を先に伝えてあげることも
やさしさ、のはず……。

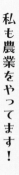

ステップ 6 内見会の開催

物件にもよりますが、一斉メールにはたいてい5～10世帯の反応があるので、みなさんの日程を調整して内見会をセッティングする。移住希望者と空き家の持ち主、我々コーディネーターで物件を実際に見て、内装なども確認してもらう。逆に、空き家の持ち主に移住希望者の顔を見てもらう機会でもある。

その後、実際に交渉に進むのは一つの物件に対して1～3世帯ほど。ここから先の交渉は、空き家の持ち主と移住希望者に直接行なってもらう。

ワンポイント

我々、移住コーディネーターはあくまで「つなぐ役」。最終の意思決定までは深入りしません。内見会までには、移住希望者がどんな方かをしっかり見極めておくことが重要と考えています。

ステップ 7　売買契約を結ぶ

　物件や農地の売買は不動産業者に間に入ってもらって進んでいく。が、簡単には売買契約ができない物件も多く、その場合は行政書士、司法書士、土地家屋調査士らの力も借りて手続きを進める。

　具体的な例では、過去に建て替えや増築をしたが、その届け出がされていなかったケースが多い。そういう家を売買するには、土地家屋調査士が測量し、現状に即した登記が必要になる。また、農地の一部を駐車場に転用するなら、行政書士に必要な書類作成をしてもらう必要もある。最終的な土地や物件の登記を司法書士にお願いすることもある。

　もしも、物件の修繕やリフォームが必要なら建築設計士の力も必要だ。さらにローンの審査を受けるには、修繕も含めた最終予算を決め、不動産業者と建築設計士が連携して話を進めなくてはいけない。

ワンポイント

　家と農地がセットになっている場合、非農家だと、農地の取得には非常に時間がかかります。その場合はいったん地元の営農組合で1～2年農業に従事し、数年後に正式に取得するといった方法もあります（p13）。

　移住相談が無事契約にいたるたびに、子どもの頃に夢中で見ていた戦隊モノの番組を思い出します。レッド、ブラック、イエロー…それぞれのキャラクターに役割と特技があり、力を合わせて活躍する。空き家活用と移住促進も多くの方の活躍なくしてはゴールまでたどりつけません。

　自然環境と人間が折り合いをつけて共生する農山村の暮らしでは、人間同士の共同作業が必要です。空き家取得のプロセスを通じて、その持ち主や集落に住む人の思いを理解する。様々な人との協働で移住を実現する。そういう方にこそ、田舎に住み、農村でしか得ることのできない豊かな生活をしてほしいと願っています。

子どものための空き家活用

昭和のレトロ感漂う駄菓子屋。ここはかつて病院だった建物のレントゲン室を改装した。近年、兵庫県神戸市北区淡河《おうご》町で盛んな空き家活用の一例だ。

すぐ隣は小学校。長い間放置されていたこともあり、旧病院の建物は子どもたちにとっては怖い場所だったそうだ。それがリノベーションされ、「ヌフ松森医院」という不思議な名前のカフェ＆お試し住宅に生まれ変わった。町のにぎわいを復活させたそのカフェの一角に、子どもが集える場所までつくったというわけだ。

日本全体が人口減少の坂道を下る。人が減って空き家が増える。だが、それを活かせば、こんな素敵な空間も生み出せる。子どもにとっては怖い空き家も心ひかれる存在だったかもしれないが、学校帰りにいつも立ち寄れる駄菓子屋はもっと楽しい場所になったに違いない。

素敵に変身した空き家には、新たなにぎわいを生み出す可能性がある。

文＝編集部　写真＝久保陽香

PART 2

古い家を快適にする プチ改修術

空き家を放置すると一番先に腐るのが床。
和室では畳をめくって床板をチェックする

空き家をチェックする人
伊藤洋志さん
LLPナリワイ代表。全国各地で空き家再生事業に携わり、2013年には「床さえ張れれば家には困らない」と床張りワークショップをする「全国床張り協会」を設立

空き家を案内してくれる現地の人
家冨万里さん
神奈川県出身。2012年に緑のふるさと協力隊員として宮守地区に赴任し、以後定住。現在、空き家を活用して仕事がつくれないかと模索中

プチ改修で住める空き家のチェックポイント

岩手県遠野市宮守《みやもり》地区

写真＝奥山淳志　まとめ＝編集部

空き家を借りたり買ったりする際、必要になるのが改修だ。その程度はピンキリだが、がんばれば自分たちでできちゃう場合もある。たとえば床張りなどは、仲間を募ってやれば意外と簡単、安くできる。空き家を見るときは、ちょっと改修すれば住める家なのかもチェックポイント。

全国各地で空き家活用に携わる伊藤洋志さんと一緒に、岩手県遠野市宮守地区の空き家をまわり、プチ改修のしどころも教わった。

空き家 1

チェック！

寒そう、窓が多すぎ！

うーん。この家、寒そうだなぁ。壁に対する窓面積が4割近い。窓は室内の熱を外へ逃すから、この家は、夏は涼しくても冬はきっと極寒。自分でできることは市販の断熱シートを張ったり、分厚いカーテンをかけることだけど、これだけの窓面積となると効果は気休め程度かも。

チェック！

水回りは大丈夫

水回りの改修は大きな金額になるので、贅沢はいわない（笑）。とりあえずは古くても使えればOKです。タイルもレトロでいいじゃないですか。

タイル張りのお風呂。給湯器が壊れているそうなので、それは要修理だが、風呂自体は問題ない

階段の天井が雨漏りで腐りかけていた。とりあえず応急処置で下にはバケツが置かれており、床は腐っていないようだ

チェック！

雨漏りしていた痕跡あり

木造の家はとにかく湿気に弱い。雨漏りすると、湿気がこもってすぐ腐りますよ。雨漏り修理は原因によっては意外と簡単なこともある。内部から見ただけでは何とも言えないけど、もし瓦の割れが原因なら、1000円もしない瓦用接着剤でくっつけるか新品の瓦と交換。瓦がズレていれば戻すだけ。どこから漏れているのかわからないと屋根屋さんに頼むしかないし、場合によっては結構お金がかかります。あとは雨漏りの影響が怖い。もし屋根が腐って崩壊したら自力では直せません。かなり厳しいですね。

「快適な住居」にしようと思うと、結構大掛かりな改修になりそうですね。いっそ夏場だけ利用すると割り切ってしまえば、少しの改修で使えそう。1棟貸しの宿泊施設にしたら裏庭でバーベキューできて楽しそうだし、立地がいいからオフィスにもいいと思います。

4DK　2階建て
築年数　約50年
空き家年数　17年
管理　年2回程度の換気と掃除

宮守駅から徒歩5分、街道沿いにある元宮守村長の家。祭りの際に神輿の休憩場所に利用されている。ちなみに解体の見積もりは約200万円だったそう

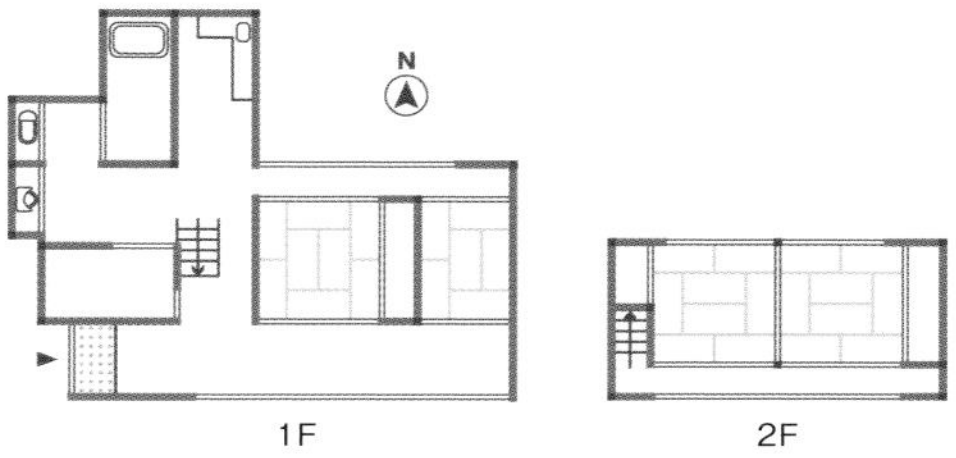

2階廊下の窓から瓦をチェック。この空き家の瓦は粘土を焼いてつくる「粘土瓦」と違い、セメントを固めて製造するコンクリート瓦（セメント瓦）だった。大量生産でき、比較的安価な屋根材

チェック！

コンクリート瓦はイマイチ

出た〜コンクリート瓦。建築ラッシュの頃に流行ったのか結構多いんですよね。でも衝撃に弱くて割れやすいし、コンクリートには撥水性がないから塗料でコーティングしないといけない。10年ごとに塗り替えも必要です。この家のは塗料が完全にはがれてますね。長く住むつもりならいっそ葺き替えを考えてもいいかも。見た目にこだわらなければトタンで十分です。

空き家2

太い梁が目立つ古民家らしい3間続きの和室。奥は縁側

水平を測れるスマートフォンのアプリ「コンパス」を使いキッチン床を確認（iPhoneを使用）。傾きはゼロ度＝水平だった

南側に窓がある明るいキッチン。リフォームずみ

7DK　平屋
築年数　約150年
空き家年数　2年
管理　週1回の換気・掃除など

中山間地の約40戸の集落に建つ古民家。南部曲がり家だった昔は2階建てだったが、改築して平屋に。家冨さんが家主と月5000円で賃貸契約ずみ。左は南部曲がり家だった頃の写真

これは掘り出し物件！お風呂・トイレもリフォームずみで、修理が必要な場所はゼロ。床張りすらいらない空き家は貴重ですよ。トイレがなぜか2つもあるし、部屋数も多いしシェアハウスにぴったりじゃないでしょうか。

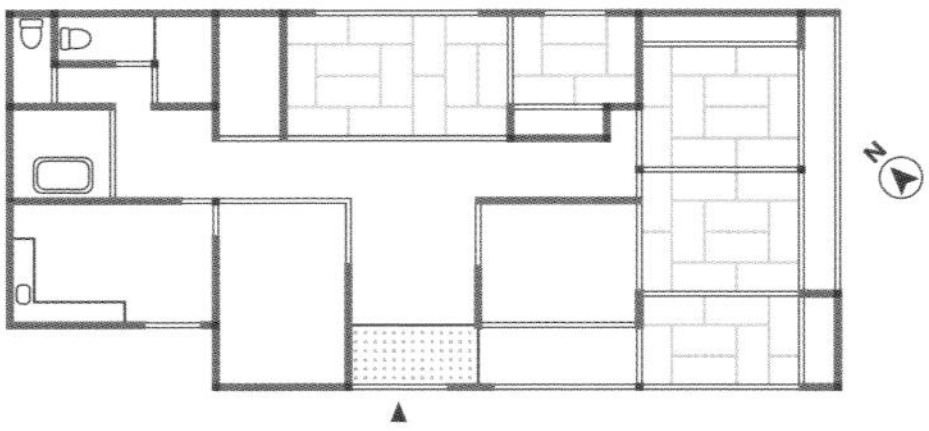

空き家3

床板は腐ってたけどねぇ。そこも腐ってる？

蔵の1階。伊藤さんが指さすのは、床板の下の「大引き」という材。床板をはぐとすぐ下は地面だった。床は、床下の風通しが悪かったり、換気を怠っていると湿気で腐る

チェック！

あー 床板&床下が腐っている

腐ってるのは床板と大引《おおび》きみたいですね。大引きが腐っていると水平を調整する必要が出てくるので難易度はやや高いですが、その下の「束《つか》」が無事なら直しやすくはあります。束まで腐ってると、素人だけでは大変。お金は多少かかりますが、大工さんに手伝ってもらったほうがいいと思います。

旧街道沿いにある「おきも呉服店」。宮守駅から徒歩10分ほど。家主の居住スペースと店舗以外の余剰部分（3階建て）と蔵（2階建て）を有効活用したい、というのが家主の希望。空き家というより空き部屋物件

家主の及川千代さん
「今一人暮らしでね。もう歳だし10年先考えると不安じゃない？　若い人が出入りしてくれると何かあったとき、心強いと思って」と空き家活用に前向き

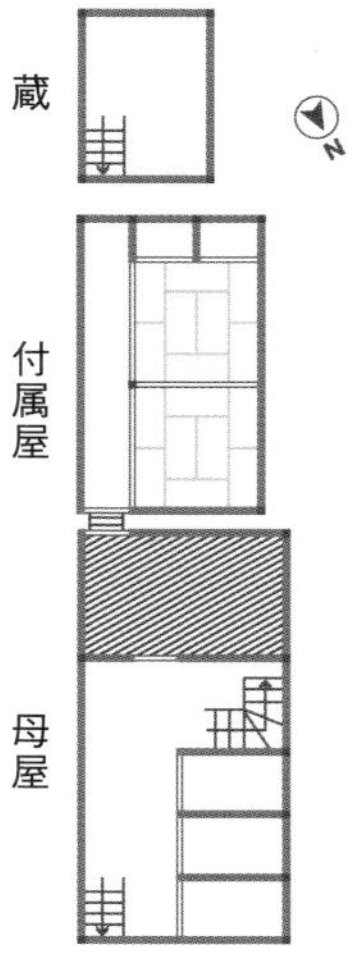

空き家4

玄関から中を見たところ。天井ははがれ落ち、物が散乱。床板の上にゴザが敷かれていて確認はできなかったが、歩いてみると床は今にも抜けそうなくらい腐っていた

ここは無理そうです！

中山間地の県道沿いに建つ。平屋で築年数や空き家年数は不明。壊すのも大変だからと、長いこと放置されていた。玄関を入って右手の縁側にはキツネの死骸……野生動物のすみかになっていたようだ

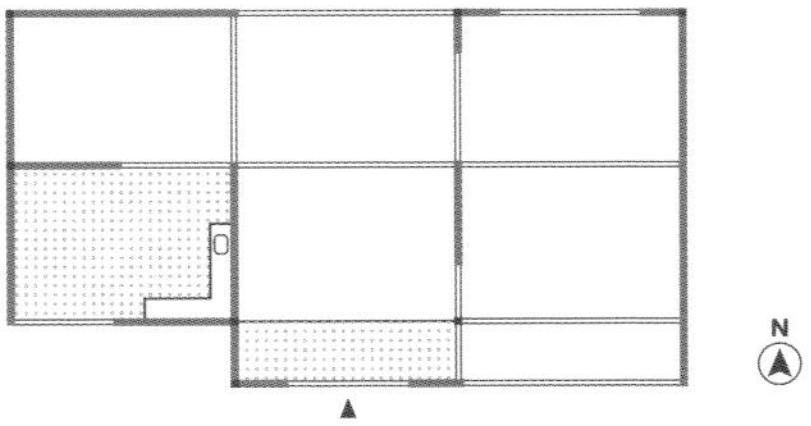

ボロボロの納屋

空き家②の庭にあった納屋。屋根が壊れて雨が内部まで降り込んでいたようで、その下の柱や床がごっそり腐っている

チェック！

どんなボロ家も材は宝かも

通し柱や梁が腐ると、素人での修理は不可能ですね。ただ築年数が古い場合はいい木材を使っていることが多いので、もし解体するなら腐っていない床板や柱なんかの建材はなるべくとっておいて、再利用しましょう。「古材」として売れることもありますよ。この納屋の床板はクリ材かな。かなりいいものだと思います。

蔵は水回りがないので住むのは難しい。トイレは母屋のものを使って、貸し会議室とか、ギャラリー、イベントスペースなどですかね。あるいは短期滞在者向けのゲストルーム。外国人に喜ばれそうです。

これも空き家？

築60年の蔵

空き家③の蔵。屋号の「よへえもん」を意味する「㆔」印がかっこいい。古い建物だけあって柱や梁は立派。漆喰の壁も味があっていい感じ

自分で床張り 32畳を17万円でやりました！

文・写真＝山本純一郎（山口県田布施町）

30日かけて自分で床を張り直した空き家の台所。流し台は再利用したので、費用は床板の６万円のみ

著者（40歳）と家族。2013年のリフォーム開始当時、娘は妻のお腹のなかだった。「生まれるまでには住めるようにしよう」と両親も頻繁に手伝いに来てくれた

借りた家は、30戸ほどの集落の山裾にある。はじめは裏山の竹が屋根に倒れ掛かって日当たりが悪かった。竹を切るのは大変だが、おかげでタケノコは採り放題だ

Uターンで兼業米農家に

私は広島のＩＴ企業に11年勤めた後、転職活動中にあるお百姓さんの話を聞いて兼業農家になろうと思い、地元（山口県田布施町）にUターンして新規就農。その後、結婚が決まり家を探し始めました。

町内に空き家が多いのは知っていたので、知り合いづてに紹介してもらって安く借りられればと思いました。しかし、「貸してもいい」と言う家主は少なく、状態も悪い家が多くて、ぜいたくをいっていたらなかなか決まりません。

選んだ家は、実家から車で15分の集落。築40年、空き家になって5年経つが比較的状態がよかったこと、修繕費用をこちらが負担する条件で家賃を５０００円にしてくれたこと、そして妻が気に入ったことが決め手となりました。

床さえ張り直せば住める

百姓をやっている人は、リフォームくらい自分でやってしまうスーパーマンが多い。そんな人たちのなかにいると、ＤＩＹという選択肢は自然に出てきました。そこ

自分で挑戦！ 台所の床を張り直す

床板を取りはずす

ワー！
油断していたら、
ズボッと床が抜けた
（別の部屋）

リフォーム前の台所。床はブカブカで踏むとすぐ抜けそうな状態

台所が使えるようになるまでは、2階にカセットコンロを持ち込んで自炊。水は風呂場から調達した

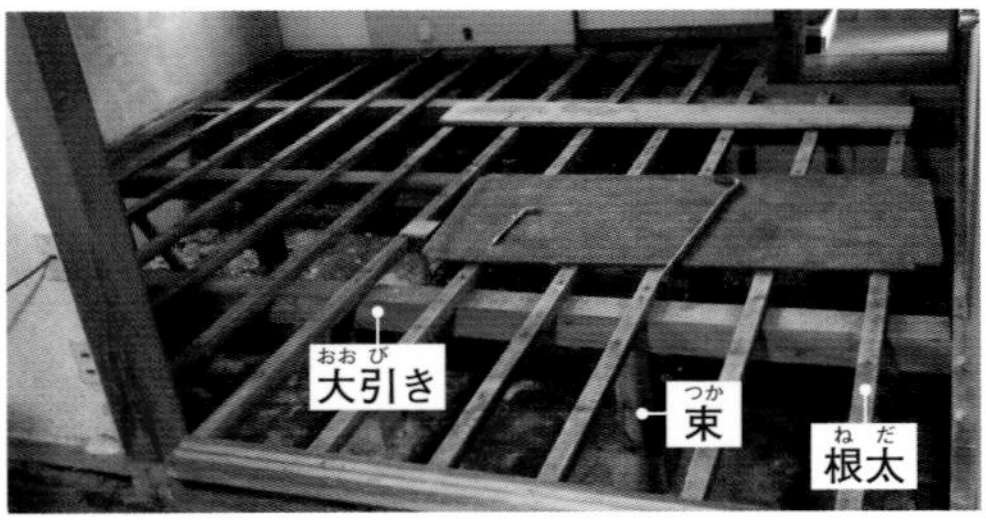

流し台を撤去して床板をはぎ取る。大引きや束は無事だが、根太は何本か腐っていた。地面の土がむき出しで、いかにも湿気が溜まりそう

母屋は27坪（$89.3m^2$）で、2階建て8DK

で結婚を機にハウスのイチジクをやめ、水田30a＋パート（スーパーの夜間副店長）にして、家の改修に専念することにしました。

雨漏りがなく、電気や水道などもすぐに使えましたが、1階はどの部屋も床が踏んだら抜けそうな状態。とりあえず床が無事だった2階に寝泊まりしながら、1階の部屋を少しずつ床張りすることにしました。

ビニールと竹炭で湿気対策

この家は三方が山に囲まれているので日当たりや風通しが悪く、床下にも湿気対策が必要です。

インターネットで情報を集めたり、人に聞いたりしましたが、考え方は様々。たとえば、床下に炭を敷き詰めるのも賛否両論あります。炭には調湿効果があるという人もいれば、湿気を吸いっぱなしでかえって湿気がこもるという人もいます。

迷いましたが、結局は「ビニールで土からの湿気を遮断＋炭で調湿」を選択。ハウスの廃ビニールがあったので材料費はタダです。

ビニールと炭を床下に

竹炭は父が趣味でやいたもの。使い道がなかったようでちょうどよかった。これで調湿効果が認められれば竹炭が売れるかもしれない

竹炭が入った土のう袋は、風が当たるように通気口の近くに置いた（1部屋5袋くらいが目安）

根太に使った木材の切れ端で積み木をつくった。1歳になる娘へ手づくりのプレゼント

床下の石ころなどを取り除いてから、ハウスのビニールを二重に敷いて湿気対策。竹炭が入った土のう袋で重石をする

使えそうな根太は残し、間に1本ずつ新品を入れる

炭も父が趣味でやいている竹炭を使いました。ただし、何か問題が発生したときに撤去しやすいよう土のう袋に入れ、通気口の近くに置くだけにしました。

ぶ厚い床板で断熱材いらず

古い家は床下から冷え込みます。断熱材を入れてほしいという妻の要望がありましたが、知り合いにいい床板を教えてもらいました。ホームセンターなどで売っている厚さ3cmのスギの無垢材です（一般的な床板は1・2cmの合板）。

無垢材は空気の層が多いので保湿と断熱性に優れ、肌触りもサラサラでひんやりしません。合板より値は張りますが、断熱材が要らないので結果的には安上がりです。

塗料もいいものを見つけました。エゴマ100%の天然植物油（500mlで3680円）。油膜を張らず、しみ込むタイプなので木の温もりを損なわずにすみます。

達成感があり、愛着もわく

これまでに1階のリビング、台所、洋間、和室、納戸と合計32畳

床板に使う厚さ3cmの無垢材は、はじめからオス（凸）とメス（凹）の加工がされている（1枚1990円）。特にスギは比重が小さいので空気の層が多く断熱効果が高いようだ

父が軽トラや丸ノコなど電動工具を持っていたので助かった

その他の部屋

台所の隣の和室は、畳を外して板張りのリビングにした。台所と床の高さをそろえるために、根太の上にベニヤ合板を敷いてから台所と同じ床板を張った

なかには元の床をはいだだけでまだ手をつけていない部屋もある（1階・和室6畳）。戸を開けると床がない！

無垢材の床板で断熱

床板（スギの無垢材）を打ちつけていく。板の長さが4mあれば、部屋の端から端まで届くので1枚ですむ。台所は8畳なので20枚で足りた

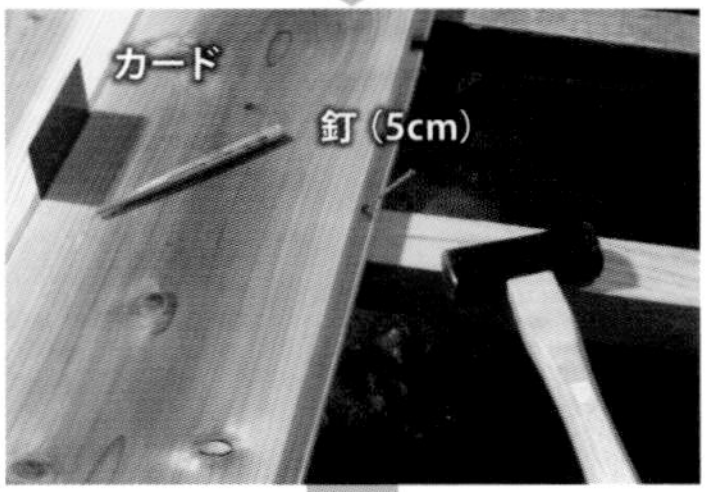

床板の凸側に釘を45度に打って根太に固定する。無垢材は膨張するので床板と床板の間に隙間をつくるためにカードをはさむといい

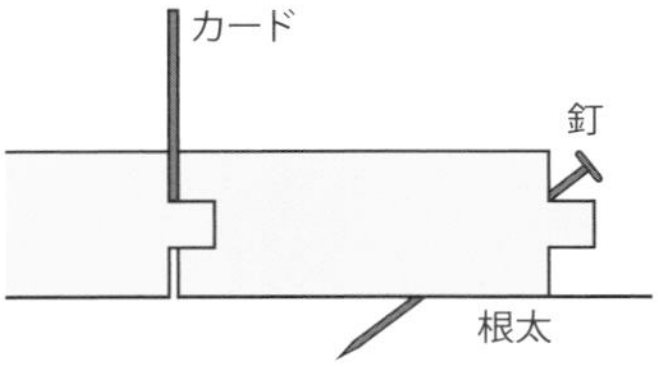

床張り完了！　仕上げに天然植物油の塗料で床板を塗装することで撥水性がよくなり、傷もつきにくくなる

分の床を張りました。

やってみれば、床張りなんて誰でもできることがわかります。ただ、はじめてのことなので「やろう」と決心するのに勇気がいるだけです。必要なのは時間と人手、最低限の資金です。かかった費用は材料費のみで約17万円。自分でやれば人件費はかかりません。

自分でリフォームしたら達成感があります。愛着もわきます。細かい失敗はいっぱいしましたが、もう気にならなくなりました。

壁と窓の断熱改修で あったかプレハブ暮らし

三栗《みつくり》祐《ゆう》己《き》（北海道札幌市・パーマカルチャー研究所）

三つのプレハブを並べたマイホーム。手前のプレハブAの壁と窓を断熱改修した

筆者

60万円のマイホーム

脱サラ後、妻と子ども2人と札幌市の山奥で自給自足の暮らしを始めて5年余り、今の家と土地は自給自足の先輩夫婦のご厚意で住まわせていただいています。

その先輩・山家《やまか》規男さんが、この山奥の敷地（約2万坪）を手に入れたのは20年以上前。この地を「エコロジー村」と名付け、仲間たちと何年もかけて開拓してきたそうです。先輩方はそれぞれ一つのプレハブを拠点とし、そこに住みながら本格的な家を自分で建ててきました。

プレハブは幅2・5m、奥行き7・2m、高さ2・3m。家族4人で住むには狭いサイズですが、幸いなことにプレハブの余りが他に二つ出たので、それらを並べた住まいになりました。トータル費用60万円のマイホームです。

空から断熱材が降ってきた

次頁のわが家の見取り図をご覧ください。当初、プレハブAは外壁の断熱施工がされていなかったので、外の寒さがそのまま家の中まで伝わってきました。

一応、ストーブをつければ室内は暖かく過ごせますが、問題はストーブを消したとき。夜、寝ている間や日中、家を空けていると断熱していない壁の影響がテキメンに現われてきます。

12月に入ると雪が積もり始めるようになりますが、私はこの雪を待っていました。「カマクラの中は暖かい」「雪には断熱効果がある」と聞いていたからです。そこで雪が降るたびに、せっせと家の壁に雪を積み上げました。すると、妻や子どもたちが「なんか11月より家の中が暖かくない⁉」と口をそろえました。

プレハブの壁を断熱改修

雪断熱が成功したとはいえ、十分な降雪がなければ家の中は依然として寒いままです。年が明けてから本格的に外壁の断熱施工に挑戦することにしました。

作業内容は次の通りです。まず、プレ

プレハブの外壁に断熱材を付けた上から厚さ12㎜の板材を打ち付ける

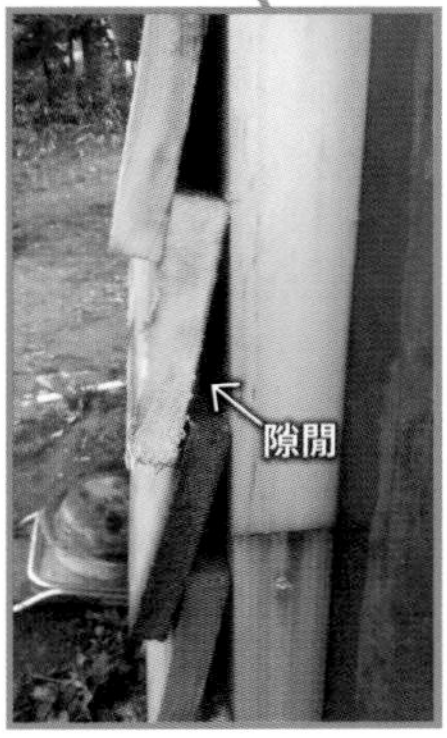

外壁の板材の隙間からグラスウールを詰めて断熱効果を高める

わが家の見取り図

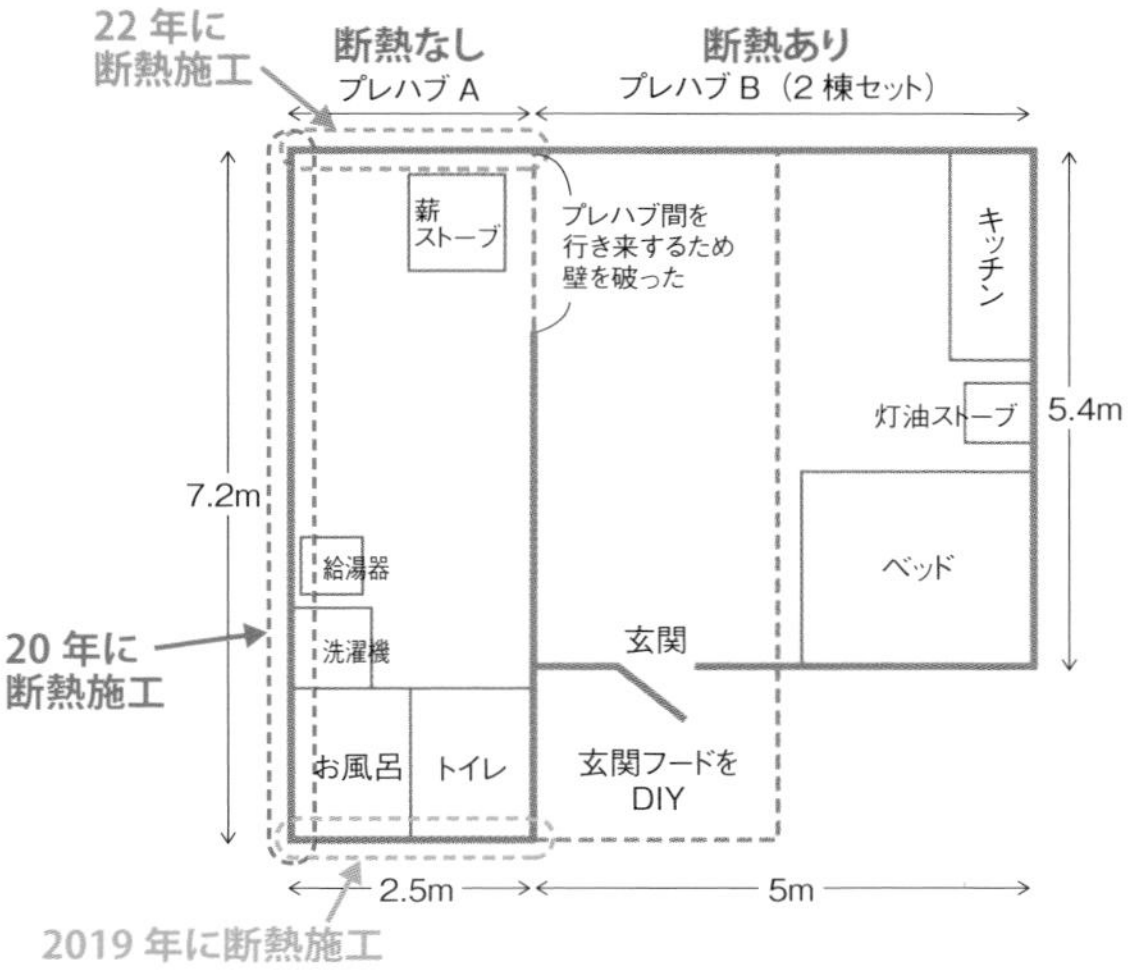

発泡ウレタンスプレーで隙間を埋める

窓の内側にプラスチック段ボールの断熱窓を設置

ハブの外壁に断熱材（スタイロフォーム）を隙間なく付け、その上から板材を打ち付けて覆っていきます。その際、断熱材と板材の間にグラスウールを詰め込むことで断熱効果を高めるようにしました。最後に、発泡ウレタンスプレーで外壁の隙間にフタをし、板材に腐食防止のペンキを塗れば出来上がりです。

壁1枚（約4・5㎡）の断熱施工の費用は、1万5000円程度でした。

3500円で断熱窓も製作

プレハブAには、もう一つ致命的な弱点がありました。窓がシングルサッシのため、いくら壁を断熱しても窓から直に寒さが伝わってくるのです。そこで、DIYで断熱窓をつくることにしました。

しくみは、断熱効果のあるプラスチック段ボールの板を窓の内側に設置するというものです。もともとある窓の内側にもう一つの窓枠を設置し、窓の大きさに切ったプラダンをはめ込みました。窓一つ当たりの材料費は3500円ほどです。

断熱窓は結露することがなく、4年越しの断熱施工で家の中の寒さはほぼ問題ないレベルになりました。

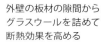

天井に張るベニヤ板にインパクトドライバーでビスを打つ。作業効率を上げるため、天井に張る前にビスの先端だけを打っておく

大工・左官職人に教わる DIYリフォーム講座

山形県遊佐町「空き家再生地域おこし事業」より

高橋 愛（遊佐町役場企画課）

空き家活用の古民家カフェが目標

山形県遊佐町《ゆざ》が2016年度に行なった調査では、町内に500を超える空き家があることがわかりました。そのなかには空き店舗も含まれます。

町では、子育て支援に力を入れ、医療費や保育料などの支援を行ない、悪天候でも子どもたちが遊べる施設もあります。しかし、若者や子育て中のお母さんたちが集まって、休憩しながらおしゃべりできるような場所がないことが課題になっていました。

そこで、空き家や空き店舗を活用して町に活気のある居場所をつくろうと、地域おこし協力隊が中心となり、「空き家再生地域おこし事業」を17年度にスタートしました。

まずは、町内にどんなお店が求められているのか調べるためにイベントを開催。そのなかで最も多かった意見はカフェです。また同時期に、町の中心部近くにある築70年ほどの古民家の持ち主と繋がりました。この物件を古民家カフ

現場レポート
空き家再生の前に練習、4畳半和室をリフォーム

古い天井にベニヤ板を張っていくので、まず板の継ぎ目に小さく穴を開けて、基礎の角材の位置、幅を確認。寸法を測る

天井の寸法に合わせて、丸ノコでベニヤ板を切る。大工の先生に習って、初めて扱う女性でもこの通り！

天井（壁）に張るベニヤ板のビスの打ち方

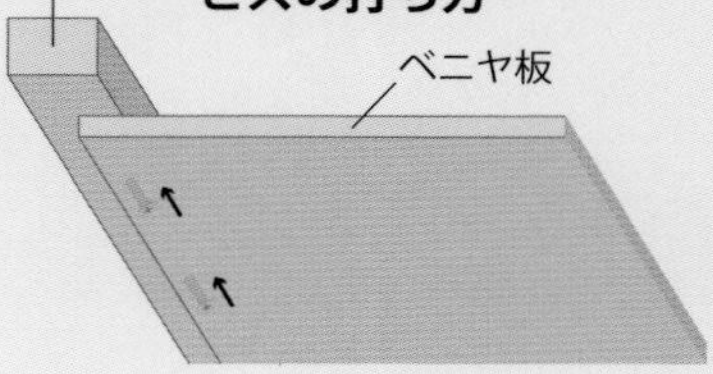

天井の基礎に当たるよう、気持ち斜めにビスを打つ

天井のベニヤ板を張り終えたところ。長辺が互い違いになるような「乱張り」にした。板が互いに支え合うため丈夫できれいに仕上がる

ベニヤ板の合わせ目の処理の仕方（断面図）

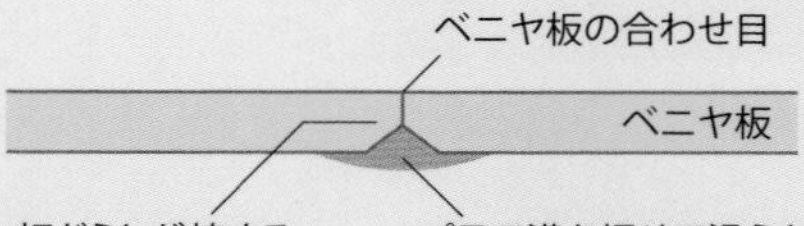

ベニヤ板どうしが接する辺をすべてカンナで削って角を取っておく

パテで溝を埋めて滑らかにする。パテは乾くと収縮するので、ヤスリをかけて平らにした後、上塗りする

ェとして再生することを目標に、事業を進めることになりました。

最初の講師は大工さん

「空き家再生地域おこし事業」の一番の特徴は、DIYでリフォームを行なうことです。地域の職人の方を講師に練習・講座を行ない、DIYを学んでから店舗の再生に向かいます。まず、初心者向けDIYとして、自分の家に応用しやすい畳からフローリングへの改修や断熱に関する話などを総合的に聞くことができると考え、大工さんに講師を依頼しました。

　初回の講座では、4畳半の和室一間を使いやすい洋室にリフォーム。リフォームする部屋をあらかじめ講師に見てもらい、どのような手順で行なうか、材料や道具は何が必要か確認してもらいました。

　天井は木目プリントされたベニヤでしたが、釘が外れ、たわんでいる箇所もあります。壁はもともと砂壁で、触るとぼろぼろはがれるうえにカビが発生している状況でした。一度地域おこし協力隊が珪藻土を塗ってみましたが、カビのにおいは抑えられませんでした。

壁

土壁だったところに珪藻土を塗った壁も、ベニヤ板で覆ってからクロスを貼るのだが、まず角材で基礎をつくる。柱が露出したところは……

柱の幅に合わせてノミで削って合わせる

縦の基礎もつくる。基礎は柱に長いビスで固定。背面との間に隙間ができるときは木材を入れて調整

天井同様に、カットしたベニヤ板をビス留め。インパクトドライバーの使い方にも慣れてきた

また、古い畳の床下は板1枚で断熱されていません。窓も大きいため非常に寒く、利用されない部屋となっていました。

差し金、カンナから インパクトドライバーまで

17年8月末から9月にかけ、全10回の初心者向けＤＩＹ講座「はじめましてＤＩＹ」の募集をかけたところ、11名の応募があり、毎回3〜6名が講座に参加しました。

メンバーは移住者と町出身者が半々です。町外から参加してくれた人もいます。ほとんどの人がＤＩＹに興味はあるけれど、やったことのない初心者。なかには、退職後に遊佐町に移住し、山菜採りや釣りを楽しんでいる方や、友人を訪ねて前年に初めて遊佐町に来て、滞在中に2地域居住を決めた方もいます。また夏休み中にインターンで町に戻ってきていた大学生など、20〜70代のメンバーが世代を超えて受講しました。

講座では、差し金やカンナのような本当に基礎的な道具から電動工具まで、名称から使い方、メンテナンスの仕方、購入時の注意な

床

畳をはがした床板にもまず基礎をつくる。向きはフローリングを張る向きと90度。基準となる箇所に糸を張って平行を確認しながら行なう。高さが合わないときは、基礎の下にベニヤの切れ端を入れて調整

基礎の間に断熱材を敷いていく

天井・壁のベニヤ板の境目（カンナをかけてV字にしたところ）にパテを塗って、つなぎ目を見えにくくしたら、クロスを貼って完成！

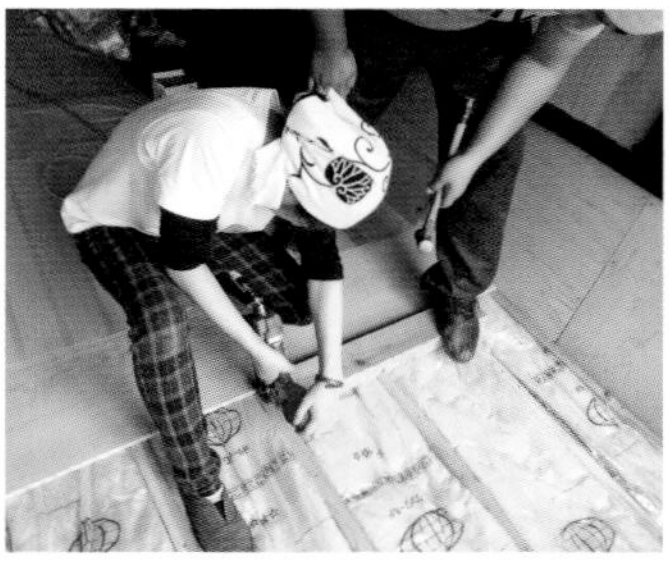

フローリング材は両サイドに凹凸があるので、これをはめながら敷いていく。基礎に床用ボンドをつけ、隙間なく詰めるために、丈夫な木材を当ててハンマーで叩いてはめる。基礎にエアータッカーや細いビスで固定

ど細かい説明を受けました。インパクトドライバーも、DIYで使うような初心者向けのものから仕事で使うものまで、違いを体験しました。丸ノコなど、使い方に気をつけないと危険な道具もありましたが、最後には自分たちで使えるようになりました。

次は本番、左官や塗装職人にも習う

寒く暗い感じだった4畳半の和室は、リフォームによって明るく使いやすい洋室に生まれ変わりました。床に断熱材を入れたため、畳からフローリングにしても冷たさが軽減され、白い壁紙と和室の年季の入った梁とのコントラストが素敵な部屋になりました。

次はいよいよ本番。古民家カフェに再生するためのリフォームです。これからのDIY講座では、左官職人や塗装職人の方にも教えてもらいながら修繕していきます。

この事業では、19年度までに計3棟の再生店舗を誕生させる予定です。町の活性化に少しでも結びつくような素敵なお店をつくっていきたいと思います。

SNSで教わった
柔らかくて充填しやすい断熱材

山本健太郎（埼玉県秩父市）

古い家のリフォームで避けて通れないのが断熱材の充填だと思います。ですが、この作業がなかなかの曲者。新築の家なら、柱の間隔が断熱材の寸法と同じなので、順番にはめていくだけでいいので簡単です。一方、古い家の場合は柱の木がやせてしまったり、そもそも柱の間隔がバラバラにつくられていたりするので、1コマずつ柱の間隔に合わせた寸法に断熱材をカットする必要があります。

当初は、多少伸縮し、低コストですむグラスウールという断熱材を使いたかったのですが、ガラスの繊維でできているので、カットすると皮膚や喉がチクチクするというデメリットがありました。私の場合は、家のなかで暮らしながら作業をしていたので、チクチクをまき散らすと大変なことになってしまいます。そこで、価格はやや高めですが、チクチクしない発泡プラスチックの断熱材を使うことにしました。

この断熱材はチクチクしなくてよかったのですが、固い素材のため、貫の隙間から壁のなかに入れるのに大苦戦。1コマ充填するのに1時間近くかかることもザラでした。

SNS上で断熱材の充填で四苦八苦していることをつぶやいたところ、DIYが趣味の人たちからポリエステル断熱材（商品名「パーフェクトバリア」）を紹介してもらいました。

この断熱材は、チクチクしないうえ、柔らかくてカットしやすく壁に入れやすい。価格もグラスウールや発泡プラスチックの中間くらいといいとこどりの素材でした。ポリエステル断熱材を教えてもらったおかげで10倍のスピードで作業が進みました。

左側の窓の上に見えるのがポリエステル断熱材

筆者

窓などの断熱法

文＝編集部

p64の大西泰弘さんの記事にもあるように、窓など開口部は熱の出入りが大きいため、断熱することで高い効果が期待できる。費用はかかるが、一番いいのは窓ガラスを二重三重にすること。しかもアルミではなく樹脂製の窓枠は断熱効果が高い。逆に一番安価なのは断熱カーテンだろうか。冷気は下に溜まるので、大事なことは床に届く長さのものを選び、窓をピタッと覆うことだ。

カーテンよりは価格が高くなるが、窓に付ける断熱スクリーンもある。たとえば、ハニカムスクリーン（ハニカムシュード）と呼ばれる製品は断面が蜂の巣状で、ここに空気層をつくって断熱効果を高めている。

大西さん曰く古い民家などでは、雨戸に断熱材を付けると効果が高い。昔の雨戸は板張りで、裏側は桟だけになっている。その桟の間を埋めるように断熱材を張るといいそうだ。

古民家の壁に、木を活かす断熱材
――地域真壁工法

文＝編集部

古民家エクセルギーハウス（p 68）を設計した建築家の黒岩哲彦さんは、この家の壁に施工した断熱法を「地域真壁《しんかべ》工法」と名づけている。「真壁」とは、昔ながらの日本の家屋に取り入れられている、柱を隠さず柱と柱の間につくる壁のこと。反対に柱を隠すと洋風の部屋になり、このような壁を「大壁《おおかべ》」という。黒岩さんによれば、木を組んで家を建てる木造建築の工法自体は平安時代からずっと変わらないのだが、壁のつくり方は50年ほど前から大壁が一般的になった。

日本の伝統的な建物の壁は、畳１枚ほどの大きさに組んだ木の間を、土やワラなど（土壁）自然素材を用いた真壁づくりにしてきた。高度経済成長期より前に真壁づくりで建てられた民家は、概して木材の強度が近年の家より強いという。太い柱や梁が壁に隠れず見えているので、木に関心を持つことにもつながる。接着剤を使わずに建てているので建材の再利用も可能だ。そこに古民家と呼ばれる建物の価値がある。

ところが真壁の家は、壁が薄く隙間風が入って寒い。そこで最近は大壁にして断熱材を入れる改修がよく行なわれるが、これでは日本の建築の良さが失われてしまう。黒岩さんが考案した地域真壁工法とは、家の外側に断熱材付きの真壁をつくる方法だ。

素材は「発泡スチロールの類い」というだけあって軽い。表面5mm分だけがそのまま外壁として使えるよう塗装がされている。この白い断熱材を木と木の間にはめ込むだけ。断熱材を入れるには、一般に内側の壁をはがすなど大変な作業だが、この方法は家の中で暮らしながら施工できる。それも１日で終わるほど簡単だ。

黒岩さんが構想しているのは、地域真壁工法で古い民家を活用すれば、家の中が快適になるだけでなく、外観を活かして昔の町並みが再現できることだ。地域の価値を高めることにつながるという。

建築家の黒岩哲彦さん（66歳）。㈱エクセルギー（https://www.exergy.jp/）の代表でもある

地域真壁工法の施工中。豊岡市竹野町のbozzoさん宅。
写真＝bozzo

古民家に学ぶ　自然素材の断熱

上野弥智代（里山建築研究所・日本茅葺き文化協会）

日本の民家に見る気候との調和

日本列島は亜寒帯の北海道から亜熱帯の沖縄まで南北に細長く、季節風や海流の影響で地域によって気候が異なる。日本のほとんどの地域は温暖湿潤気候と呼ばれる温帯に属し、高温多湿・多雨な夏と、寒く乾燥する冬との気候の差が大きいのが特徴だ。

伝統的な民家のつくりには、このような気候に適した工夫を随所に見ることができる。

【屋根】

ススキやヨシ、ワラ等、身近にある草を厚く葺く茅葺き屋根は、夏の強い日射しを遮り、冬は室内で焚いた囲炉裏やかまどの火の暖かさをほっこりと包む。ふかふかの草の布団でくるまれているようなものだ。厚く重ねた草はそれだけで雨から家を守り、素晴らしい断熱効果を発揮する。通気性を損なわないので、煙は「煙出し」などからうまく排出される。

日本の伝統的な民家。最近の家と違い、家に占める屋根の面積がかなり大きく、屋根の断熱が大切だった。屋根のてっぺんから少し出っ張っているのが「煙出し」

それからもうひとつ、土。屋根瓦は土から造られている。さらに古くは土を載せた屋根もあり、これは茅葺き屋根の棟仕舞にも見ることができる。土で葺かれた屋根は土蔵がそうであるように防火の役割も果たす。

関西地方にいくと、屋根だけではなく、座敷の天井に土を載せている家もある。防火とともに、小屋裏（天井裏）空間が断熱の役割も果たしている。

そして屋根の軒は、深く差し出すことで、暑さ寒さをうまく調節している。太陽高度の高い夏は深い軒が日射しを遮り、開放された縁側では夕涼み。太陽高度が

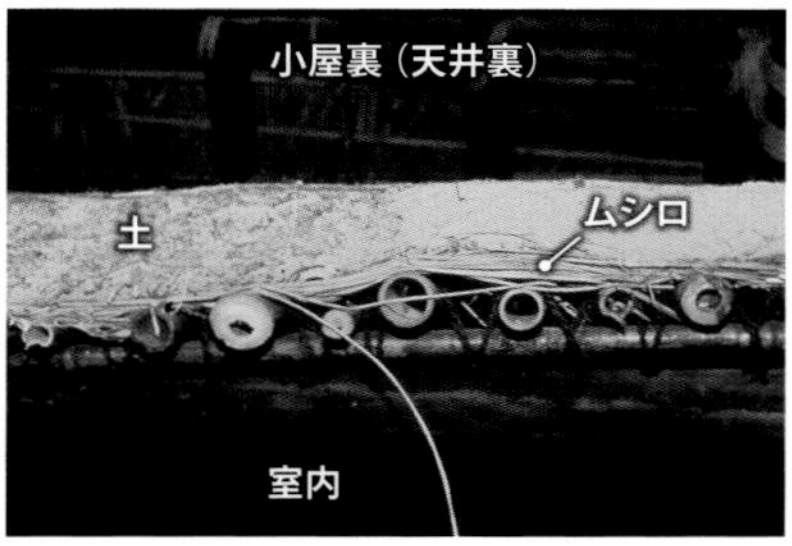

竹すのこの天井にムシロを敷いて、その上に厚く土を載せる。「大和天井」と呼ばれる

「芝棟（くれぐし）」と呼ばれる茅葺き屋根の棟仕舞。屋根のてっぺんにびっしりと根の張った芝土を載せ、そこにイチハツやカンゾウなど、乾燥に強くてしっかり根を張る宿根草を植えて固める。風雨に強く季節の花を楽しむことができる

低い冬は家の奥のほうまで陽が差し込み、ぽかぽかと暖かい。日中は縁側で日向ぼっこでき、その暖かさは、土間や板、畳に蓄熱される。

【開口部】

窓や戸などの開口部が多く、開放的なつくり。雨が多く、ジメジメした暑い夏に風通しをよくし、家と人の健康を守る術である。

開口部の建具の組み合わせも絶妙なものだ。一番外側の雨戸は板戸で、雨風や人の侵入を防ぐ。夏あまり暑ければ雨戸で日射しを遮り、小さな無双窓だけを開けてもいい。冬は、日中開けて日射しを取り込み、夜は閉めて室内にその熱を閉じ込める。

木枠と和紙でできた障子も同じ役割を果たすが、閉めていても光を通すので明るく、雨戸とともに民家の基本的な建具として使われてきた。その後出てきたガラス戸も含め、二重、三重にした建具の層は通風をコントロールするとともに、建具同士の間の空気層で断熱を図り、その開閉で暑さ寒さを調節してきた。いずれも引き戸なので、ドアのように開けるか閉めるかではなく、全部開ける→半分開ける→ちょっと開ける→全部閉める、と微調整が自在。ドアに比べて省スペースでもある。

また、建具の材料である木と紙は、それ自身に調湿作用がある。自然素材は呼吸するかのように、多湿のときには湿気を吸い、乾燥時には湿気を放出して、快適な湿度を保ってくれる。

【壁と床】

壁は土壁か板壁で、床は土間、板間、座敷（畳）だ。床は高床にして、床下の通気を図っている。地面をたたいてつくる土間は年中温度が安定していて冬温かく、夏はひんやりとして涼しい。煮炊きに火を焚けばその熱でジメジメとした夏の湿気も飛ぶ。土、木、草でできた壁や床は、冬の日射しの熱を蓄熱する役割も果たす。

このように、屋根、壁、床、開口部と、日本の民家にはすべてに雨風や暑さ、寒さをしのぐ工夫がなされている。また、土、木、草などの優れた調湿性は、夏の湿気と冬の乾燥を適度に調整している。

筆者が所属する里山建築研究所では、東日本大震災のとき、いわき市などで板倉構法の仮設住宅を設計。その際、建設資材が不足するなかで自然素材のカヤを断熱材として利用。屋根を二重構造にし、できた空間にカヤ束を入れた

自分でできる自然素材断熱

長い間、日本の風土に合わせて発達を重ねて蓄積されてきた先人の知恵を、今に活かさない手はない。

屋根の断熱材にカヤを使う

たとえば屋根。茅葺き屋根にできれば最高だが、それはちょっと難しい。それなら断熱材としてカヤを使うのはどうか。屋根を二重構造にし、その間にカヤを入れようというわけだ。カヤとは屋根を葺く材料の総称だが、ススキやイナワラ、小麦ワラ、ヨシなどの草のことだ。これらはわりと身近なところに生えている。

茅葺き屋根に使う場合は、ある程度長さのあるまっすぐなカヤが必要だが、断熱材に使うのであれば、少々曲がっていたって長さが不揃いだって一向に構わない。カヤはぎゅうぎゅう詰めにせず、空間が埋まる程度でいい。

ただ気をつけなければいけないことは、カヤをしっかりと乾燥させておくことだ。そして、カヤを入れる空間の通気をよくすること。なんだって同じなのだが、湿ったままの材料を密閉してしまうと、蒸れて湿気で腐りやすく、カビや虫の発生のもとになる。いくらカヤが乾いていても、下地の板材の水分もあるので、通気は確保しておいたほうがいいだろう。

もし屋根に断熱材を入れることが難しいときは、小屋裏（天井裏）に載せるだけでもいい。ただし天井のつくりがカヤの重量に耐えられることが条件だ。

もうひとつ、小さな屋根であれば自分でもできるのが土を葺く芝屋根だ。屋根下地を板でつくったら、杉皮か防水紙を張り、そこにたっぷりと芝土を載せて、しっかり根の張る花を植える。ここでの注意点は、屋根勾配と水はけだ。屋根勾配がきついと水はけがよすぎて、土の保水力が乏しくなり土が流れやすい。だいたい2寸から2寸5分勾配（11〜14度）までがいいだろう。土はたっぷりと、隙間なく詰める。軒先につける水抜き用の穴は、土で目詰まりしないように網を張ったり、軽石を詰めるなどの工夫がいる。

以前、芝屋根にイチハツとニラを植えてみたところ、5月の連休頃にはイチハツの紫の花が、夏にはニラの可憐な白い花が咲いた。そのうちに風や鳥が運んでくる種子で屋根にはいろんな草が生えて

きて、可憐なニラはどこかへいってしまった。毎年表情の違う屋根が待ち遠しくなる。

床断熱にモミガラ

床の断熱にはモミガラがおすすめだ。荒床を張った上にザーッと敷き詰めてもいいし、米袋のような紙の袋に入れて敷き詰めてもいい。ビニールなどに入れてしまうと、せっかくの調湿機能が発揮されない。

モミガラはそのままでも使えるが、どうしても米櫃と同じようにコクゾウムシが出ることがある。できればモミガラくん炭にして敷き詰められればなお望ましい。炭には調湿性があることから、床下にまくこともある。

開口部は二重に、隙間風は新聞紙で防ぐ

開口部は、もっとも熱が逃げやすい場所だ。もしガラス戸が1枚しかなかったら、内側に障子を建てるだけでもずいぶん違う。

茨城県の筑波山麓にある里山建築研究所で再生した古民家。茅葺き屋根を葺き直し、縁側の建具も二重にした

薪ストーブの熱で温められた土間や土壁、梁などは、室内の気温が下がると熱を放射し、じんわりと部屋を暖める

畳はそれだけでいい断熱材になるが、もし床から隙間風が入るようであれば、いったん畳をあげて、新聞紙を敷き詰めるだけでもかなり効果がある。

また種類は少ないが、自然素材でできた断熱材製品もある。木の皮をコーンスターチで固めた板状の「フォレストボード」㈱白神フォレストコーポレーション）や木の繊維でできたスポンジ状の「ウッドファイバー」㈱木の繊維）などで、厚みは4〜9㎝で何種類かある。

よく昔の家は夏涼しいけど、冬は寒いという話を聞く。この寒さは建具や床下からの隙間風によるところも大きいのだが、そもそも家が大きいからどこもかしこも暖めるという考えではなく、小さく暮らしてそこを暖める、という考えでもあったのだ。室温を上げるのではなく、囲炉裏の熱やそれらを蓄熱した土間などから放射される熱を利用する輻射暖房で暖まるということでもある。

地域や立地にあわせて、日射しや通風をうまく活かし、断熱と調湿を図る知恵は深い。

土壁、たたき土間、ニイミトレンチで土を活かす

関塚 学（栃木県佐野市・関塚農場）

ハーフビルドで建てたわが家。木造軸組構法で無垢の木をふんだんに利用。重要なところ、危険なところ以外は自分たちで施工した。冬には日光が十分に入り、ぽかぽかと暖まる。暖房は薪ストーブ、囲炉裏も設置した

筆者。ニイミトレンチの施工中

光や風や土を味方につける家づくり

栃木県佐野市の中山間地域で有機農業を始めて20年くらいになります。関塚農場では、平飼い養鶏500羽、水稲1・8ha、大豆0・6ha、小麦0・3haを経営しています。

2009年から4年間かけてハーフビルドの有機農業的な家づくりをしました。設計は福島県南会津町の㈱オグラ幸林ホームに依頼し、基礎や骨組み、屋根はプロに頼みましたが、それ以外は仲間や定年退職した父に手伝ってもらって自分たちで家を建てました。

ここでいう有機農業的な家づくりとは以下のようなものです。

私は、有機農業は光や風や微生物や生き物を味方にする農業だと考えています。有機農業的な家づくりとは、まさにこれと同じように、光や風や土を味方につける家づくりです。光や風をシャットアウトしてしまうような現代の「高断熱高気密」の家づくりとは真逆の考え方です。

光や風や土の恩恵をふんだんに取り入れる「幸福を生む住まい」という住宅理論があるのですが、これこそがまさに有機農業的な考え方で、この理論をもとにつくっています。

今回はそのなかでも土を活かすということを切り口に、どのようにこの家づくりに活かしたのか紹介したいと思います。

土壁

昔ながらの土壁に

家をつくるときにどんな壁にするか、いろいろと悩みました。悩んだ末に、昔ながらの竹小舞下地の土壁の家にしたいと思いました。土壁のつくり方は東京の加藤左官工業に指導してもらいました。

土壁を塗るには、細く裂いた竹を編ん

土壁をつくる

竹小舞（土壁の下地）を編んだ状態。壁を塗ってしまうのが惜しいくらい美しい

荒壁用の土づくり。発酵させておいた土にもう一度イナワラを混ぜる。水を加えて適度な軟らかさに

荒壁と竹小舞はワークショップで行なった。計10回開催し、インターネットや新聞記事で知った人がのべ160人参加

だ竹小舞の下地をつくっていかなければなりません。近所にある真竹を自分たちで取りに行き、それを割って乾燥させます。この竹と、農業で使うバインダーのヒモ、篠竹を用いて竹小舞をつくっていきます。

つくり方

▼粘土とワラと水を混ぜる

まずは土を準備。加藤左官工業に瓦を焼く土（粘土）と同じだと教えられました。近所の瓦屋さんから運よく入手することができました。

その粘土とワラと水を混合させていきます。このときには加藤親方に来てもらい、指導してもらいながら、バックホーとトラクタのロータリを使って混ぜていきました。

混ぜ合わせたら最低3カ月発酵させます。これはワラの中の納豆菌を利用して粘土に粘りを出すのが目的だそうです。

▼荒壁塗り

発酵が終わり、竹小舞下地も終わっていれば、いよいよ荒壁塗り。土壁は、おおざっぱに言うと、荒壁、中塗り、漆喰

たたき土間をつくる

材料（粘土、消石灰、塩化カルシウム、にがり）を混ぜる

15cmほどの厚みに敷いた材料を、板を取り付けた棒で約10cmになるまでたたく

表側を塗ったのが乾いてから裏側を塗った

住んでみた感想

土壁

土壁は、日本の昔ながらの伝統的な工法であり、調湿作用があると言われています。さらに再利用可能。わが家にはクーラーがないのですが、湿気の多い夏でもカラッとした感じがします。

たたき土間

たたき土間が家の中にあるのは最高な感じです。休憩するときは、靴を履いたままでもいいのでいつも土間で。夏場は土壁とたたき土間のおかげか、ひんやりとする気がします。

という工程に分けられます。

まずは荒壁塗り。発酵させておいた土にイナワラをもう一度混合します。トラクタや耕耘機のロータリを用いてコンパネの上で混ぜ合わせました。この時に水も加えて適度な軟らかさにしていきます。

ほどよく軟らかくなった土を一輪車で運び、フネ（左官用の大きな箱）の中に入れ、それをどんどん塗っていきます。いろいろな方法があるのですが、私たちの場合は、まずは表から塗り、ある程度期間を置いて乾いてから、裏からも塗っていきました。

▼中塗り・漆喰

加藤左官工業には、荒壁は素人でもできるけれども、中塗りと漆喰は素人ではなかなか難しいと言われました。しかし予算がなかったので、これらも自分たちで何とか施工しました。

中塗りは、粘土に砂とワラスサ（イナワラを加工したもの）という材料を混ぜて10㎜ほどの厚さで塗ります。荒壁塗りと違い、慣れないと土が床に落ちてしまいます。表面が平らになるよう慎重に塗っていきます。漆喰は消石灰に糊や繊維、

ニイミトレンチをつくる

以下のようなトレンチ（溝）を2本つくる

溝を掘る。深さ60cm×幅40cm×長さ9mを2本

底に遮水シートを敷く。手前は、2本のトレンチの点検と切り替え用の桝。排水はここを通ってから奥のトレンチへ流れる

遮水シートの上に砂を敷いた状態

水を加えて練り合わせたもので、昔から土壁の仕上げに使われてきました。これを1～2㎜の厚さで薄く塗っていきます。

たたき土間

たたき土間のつくり方も加藤左官工業に教えてもらいました。実際に施工する現場があるときに、東京まで見学に行きました。

まずは材料を混ぜ合わせます。土間2坪の場合の材料は以下の通り。

①粘土1㎥（荒壁に使用した粘土と同じ）
②消石灰100kg
③塩化カルシウム50kg
④にがり5ℓ（水5ℓににがり〈塩化マグネシウム〉約1・3kgを溶かす）

これらの材料を使う意味は次のように紹介されています。「消石灰は土間の強度を上げるため、塩化カルシウムは吸湿と乾きすぎを防ぐため、にがりは材料の凝固促進のために用います」（『農家に教わる暮らし術』農文協、p106）

コンパネを並べてその上に材料を載せ、耕耘機のロータリで混ぜていきます。耕耘機を使うとはいえ重労働でした。

ニイミトレンチのしくみ

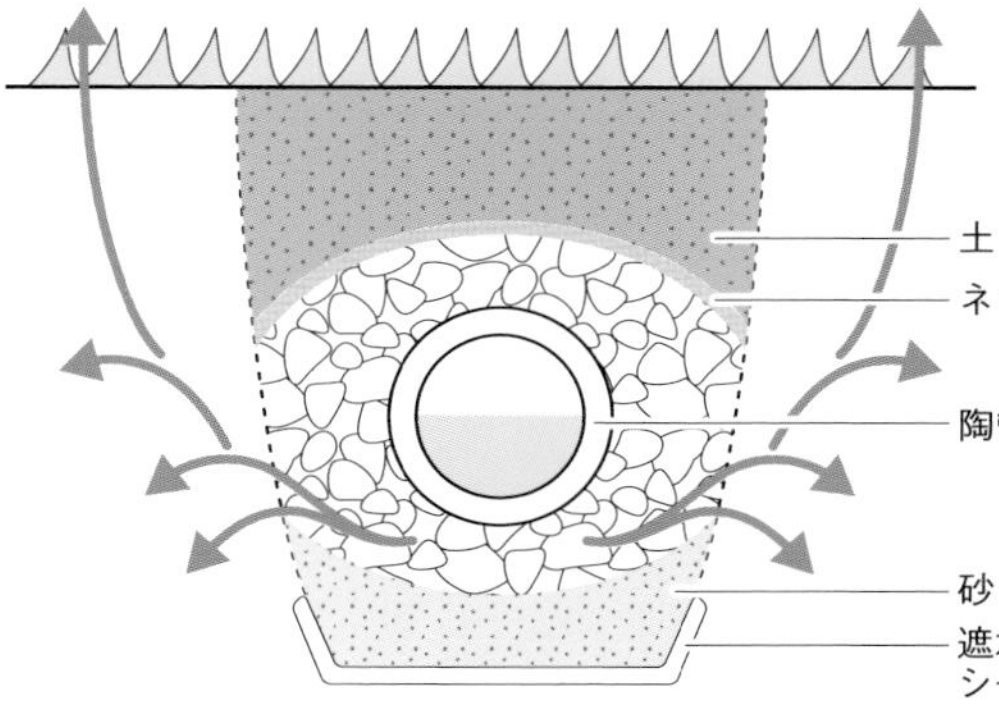

土の中に設置した陶管に生活排水を流すと、陶管からしみ出た汚水が土中にゆっくり浸透する間に、多くの微生物などの働きにより浄化される。わが家では、糞尿以外の排水はこれで処理している。ニイミトレンチの処理能力は1m当たり100ℓ / 日が標準。1人当たりの生活使用水量は200〜250ℓ / 日なので、1人当たり2〜2.5m。原則として2本設置して交互に使う。1本の浸透が悪くなったら、もう一方を使いながら、最低3カ月間休ませる。

＊図と説明の参考
http://www.niwashigoto-hiroba.com/fukusaki04/niimi.pdf

砂、砂利の順に敷き入れた上に、陶管を水平に並べ、桝につなぐ

5　陶管の上に砂利、ネット（土が落ちるのを防ぐ）を被せてから、掘った土を戻して完成

桝の反対側はL字型の陶管を接続。立ち上げた穴が、末端で排水の状態を見る点検口になる（ふだんはフタをしておく）

使ってみた感想
ニイミトレンチ

使い始めてから11年経ちますが、今のところトラブルはありません。地中にいる微生物の力で浄化してしまうのはすごいなぁと感じています。しかしながら、もし詰まってしまったらどうしようという不安が少しだけあります。

混ぜ合わせた材料を一輪車で運んで、15㎝ほどの厚みに敷いていきます。板を取り付けた棒でたたいて、約10㎝の厚みになるまでたたき締めていき完成。

ニイミトレンチ

「ニイミトレンチ」という生活排水処理装置があります。電気も使わないし、微生物を投入することもありません。

つくり方はまずトレンチ（溝）を掘ります。一番下に遮水シートを設置し、その上に砂を敷きます。砂の上には砂利（砂混じりの小石）。そして陶管を水平に並べていきます。この際、陶管のつなぎに接着剤などは使用しません。空つなぎとします。

陶管の上にもう一度、砂利を入れ、ネットを被せて、最後に土を入れて完成。

◆

わが家の家づくりについて、より詳しく知りたい方は、２０１９年に出版された『有機農業という最高の仕事』（コモンズ）という本に詳細に記載しましたので、よろしければご覧ください。

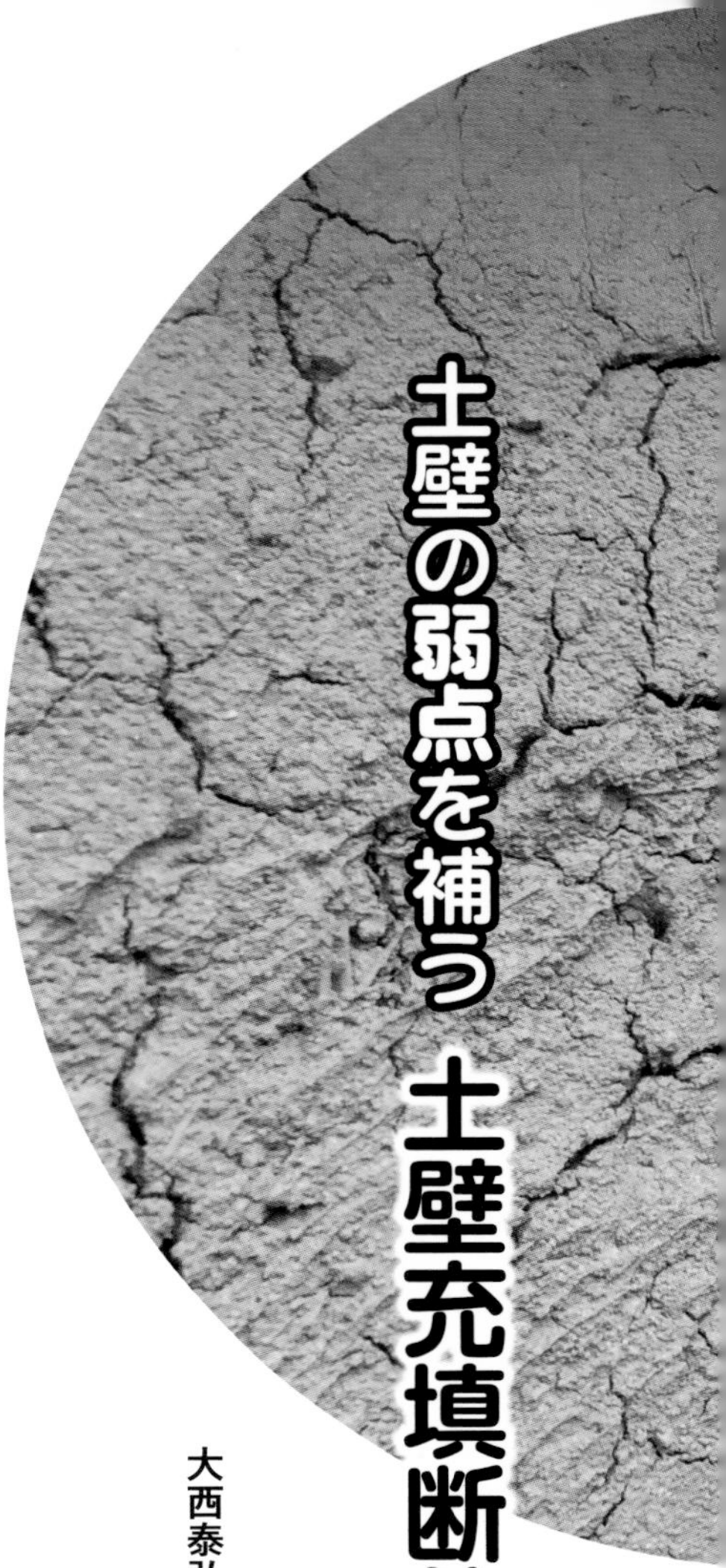

土壁の弱点を補う 土壁充填断熱とは

大西泰弘（香川県丸亀市・建築家、NPO法人土壁ネットワーク代表理事）

1995年に発生した阪神・淡路大震災で多くの木造建築が被害を受けたことから、土壁など伝統工法の研究が本格的に始まることになりました。それまで経験で語られることの多かった土壁の構造性能や防火性能、省エネルギー性能なども明らかになりつつあります。社会の省エネルギーへの関心も高まり、住宅には様々な性能が求められるようになってきました。

現代の住宅の壁に求められる性能には、地震や風に対する構造性能、室内の快適性に関係する熱的性能や調湿性能、防火性能や防音性能などを挙げることができます。ここでは室内の快適性に関係する熱的性能と調湿性能を中心に土壁の特性と扱い方を説明します。

土壁の二つの特性

住宅の快適性には温度と湿度が大きく関係します。この二つについて土壁は他の住宅建材にはない特性を持っています。

▼熱的性能

土壁は熱伝導率が大きく熱を伝えやすい材料です。熱伝導率は伝導による熱の伝わりやすさを数値で示したもので、数値が大きいほど熱を伝えやすくなります。土壁の熱伝導率は木材（スギ・ヒノキ）の約6倍、断熱材に使用するグラスウールの約14倍です。熱を伝えやすいという性質は、外気や日射などの影響を受けやすいなど住宅建材としては弱点となります（表）。

また土壁は熱容量（材料の温度を1℃上昇させるのに必要な熱量）が大きい材料です。熱容量が大きい材料を使った建物は蓄熱性も大きいため、暖まりにくく、冷めにくく、たくさんの熱量を蓄えることができます。そして温度変化は緩やかです。

熱容量が大きいことを活かせば室内の温度変化を緩やかにして冷暖房負荷を小さくすることができますが、断熱が不十分だと外の寒さや暑さは長時間室内に影響することになります。熱容量が大きいということは長所ですが弱点になることもあります。

▼調湿性能

土壁は水蒸気の吸放湿性に優れ、室内の湿度を安定させる調湿性能が高い材料です。湿度は夏の蒸し暑さや冬の乾燥など人が感じる快適性に大きく関係し、室内や壁内などで発生する結露にも関係します。

水蒸気は、窓から入る外気のほか調理や入浴や暖房など人の生活からも発生します。結露は、飽和していた水蒸気が冷やされることで水になる現象です。窓や内壁の表面で起きる「表面結露」と、壁内や床や天井など見えない場所で発生する「内部結露」があります。結露は健康や建物の腐朽などに影響する問題でもあるため、調湿効果をうたった建材が多く開発されています。

土壁は、水蒸気を取り込む湿気容量が大きいという特性を持っています。空気中で飽和状態となった水蒸気を吸収して結露を抑え、室内の湿度を快適な状態に保つ性能に優れています。

住宅建材の熱伝導率

材料名	熱伝導率 λ(W/m.K)
コンクリート	1.600
レンガ	0.640
せっこうボード	0.220
土壁	0.690
漆喰	0.740
気泡コンクリート（ALC）	0.190
天然木材	0.120
断熱材・グラスウール 10K 相当	0.050
断熱材・押出法ポリスチレンフォーム保温板 1 種	0.040
断熱材・フェノールフォーム保温板 1 種 1 号	0.022
ガラス	1.000
鋼	55.000
アルミニウム	210.000

出典：平成25年省エネルギー基準に準拠した算定・判断の方法及び解説

現代住宅の弱点、壁内結露

現代住宅（乾式工法の住宅）は熱的性能が高いといわれます。土壁の特性を活かした施工方法などを説明する前に、古い民家と現代住宅がどのようにつくられているのかを説明しておきます。

古い土壁住宅は開放的なつくりで床や壁には隙間が多く、熱を伝えやすく蓄熱性の高い土壁ですが断熱性はありませんでした。暖房は効きにくく、寒い時期には我慢を強いられるといった厳しい室内環境でした。内装に調湿性の高い木や土を現わした通気性がよい建物なので結露の心配はほぼありませんが、冬は寒いという問題があります。

一方、熱的性能が高い現代の住宅は、気密性を高めて建物全体を包み込むように断熱することで外気などの影響を最小限とし、室内の熱環境を良好な状態に保てるようにしています。断熱工事では、壁内結露が起こらないよう室内側には水蒸気を通さない防湿気密層を設けます。また、室内湿度を安定させるため加湿器や除湿機などを使って湿度調整を行ないます。高気密高断熱でエネルギー消費を抑え、温度調整は難しくありませんが結露の問題を残し、湿度調整には機械設備が欠かせません。

土壁の弱点を補い長所を活かす

土壁には熱を伝えやすいという弱点がありますが、熱容量と湿気容量が大きいという長所を持っています。熱を伝えや

図1　土壁の特性を活かすには…

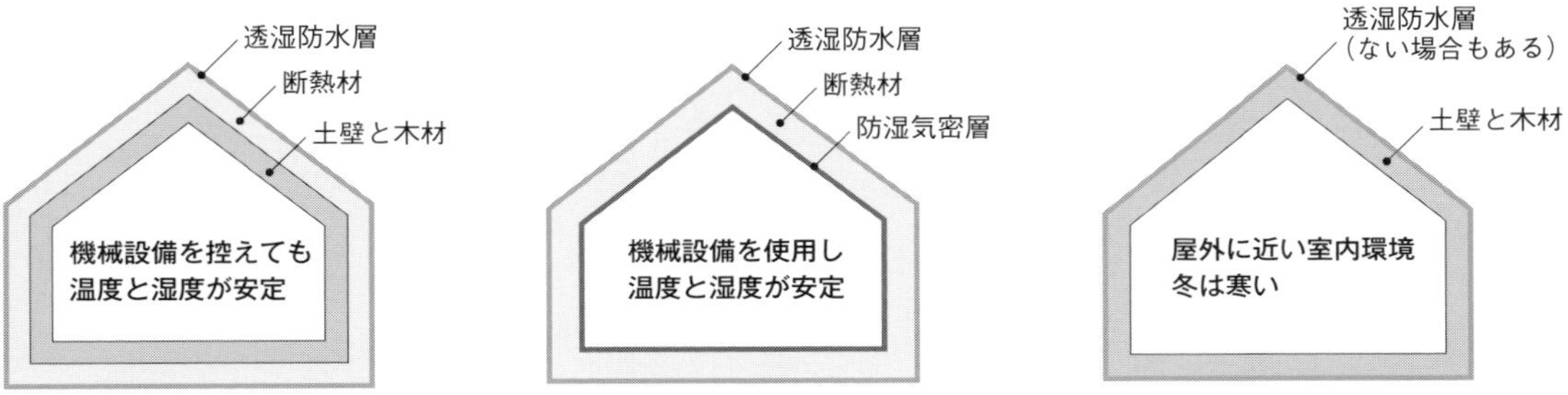

土壁充填断熱

- 防湿気密層を必要としない
- 湿気容量が大きい土壁と木材を使用することで、ほぼ壁内結露が発生することがない
- 特殊な技術や設備投資を要せず、従来の施工技術で施工可

乾式工法の断熱

- 気密性を高めて建物全体を包むように断熱
- 外気の影響を受けにくい
- 防湿気密層を設けることで内部結露を防止するが、室内湿度の調整には機械設備が必要

土壁無断熱

- 外壁は土のまま（真壁）や板壁（外装材）、木摺りモルタル塗りが多く見られ、外壁部には断熱は施工されていない
- 冷暖房の効果は低く、エネルギーのロスは大きい

すいという弱点は、土壁の外側に断熱材を充填することで解決できます。断熱することで、二つの長所は乾式工法の住宅にはない性能として生きてくるものとなります。

乾式工法の住宅で結露対策として必要とされる防湿気密層は、大きな湿気容量で水蒸気を取り込んでくれる土壁には必要ありません。また、熱容量が大きいことで問題となっていた外気の影響は断熱することで抑えられます。室内湿度を調整し温度変化を緩やかにするといった土壁の特性が、断熱により生きてくることになります。

ただし熱的性能を向上させるためには、壁だけでなく床や天井も断熱することが必要です。加えて床などの隙間を埋めて空気の流れをできるだけ遮断し、窓など開口部からの熱の出入りを抑えておく必要があります（図1）。

土壁と外装材の間に断熱材を

屋外に面する外壁、屋根、天井、床、また窓などの開口部はすべて断熱します。土壁外側の断熱は、土壁と外装材の間に断熱材を充填する方法で行ないます。工事は、屋外側の土壁の不陸《ふろく》を調整（接合面を平らに）したうえで、柱と壁のちり（柱と壁の面にできるズレ）に納まる厚さのフェノールフォームなどの高性能断熱材を隙間がないように充填します（図2）。

断熱材は厚いほど効果がありますが、改修の場合は外壁材の仕様や窓枠の状態に合わせて厚さを決めることになります。改修前の外壁が土壁を現わす真壁であれ

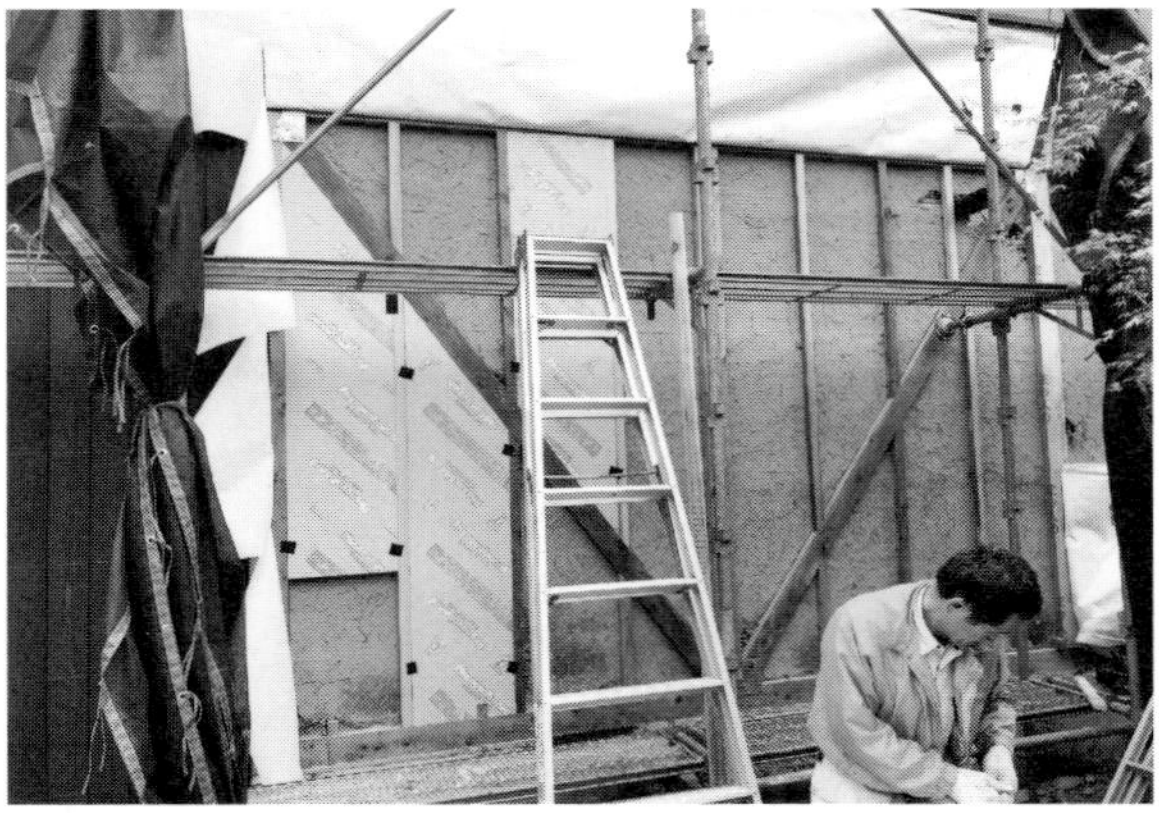

土壁外壁へ断熱材を充填（改修工事）

図２　土壁の断熱のしかた

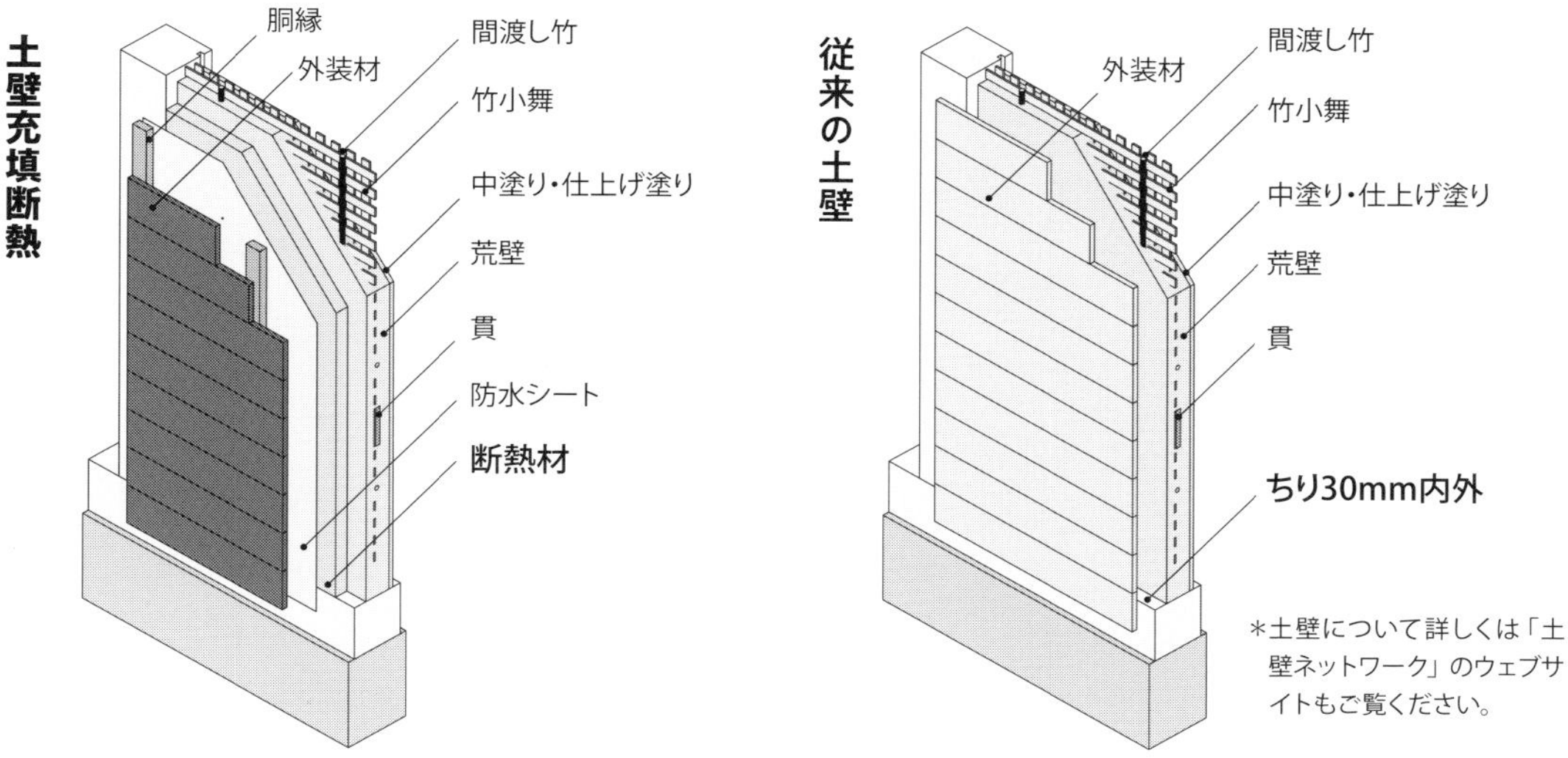

＊土壁について詳しくは「土壁ネットワーク」のウェブサイトもご覧ください。

床下の断熱（新築工事）

屋根の野地板の上に断熱材（新築工事）

ば、断熱することで土壁に蓄積する輻射熱の影響を減少させる効果が期待できます。

床や天井なども断熱

床にも壁と同様に断熱材を充填します。床下には十分なスペースがあるので、断熱材の種類は予算や現場の状態に合わせて選ぶことができます。

また床の隙間や敷居周辺、屋根と壁の間などには隙間があることが多いので、断熱工事に合わせて隙間をしっかりと埋めておくことが大切です。

天井の断熱は、天井の上に断熱材を敷き込みます。天井を張らず、野地板《のじいた》（屋根の下地板）を現わす仕上げの場合は野地板の上に断熱材を充填します。

窓などの開口部は、熱の出入りが大きいため断熱することで大きな効果が期待できます。ガラスやサッシの交換、内窓、カーテン、障子、断熱スクリーンなど、様々な方法があります。古い民家などにある雨戸も断熱効果が期待できます。

＊ここで紹介した断熱方法は基本的な考え方としてご覧ください。現在の省エネルギー基準に適合させるには現状調査のうえで詳細な計算が必要となります。

古民家エクセルギーハウスで地域の自然と対話する

bozzo
（兵庫県豊岡市竹野町・舞台写真家）

流転の日々から一目惚れの土地へ

まず自己紹介。「ボッゾ」と読みます。舞台写真家です。ダンスを主に演劇や音楽などの身体表現を記録します。親が保険屋だったので子どもの頃は転校を繰り返し、その後も流転の日々を送ってきましたが、そのなかで大きな出来事が二つ。

一つ目は沖縄との出会いでした。30代を沖縄で過ごし、音楽活動や広告の仕事にすべてを費やしたのですが、土地のパワーがとてつもないところでした。一方で、島の大半を占める米軍基地、国道を戦車が走り、夜中にはミサイルが運ばれ、婦女暴行が横行し、治外法権が行使される植民地のような島。日本の負債のすべてがここに集積していました。

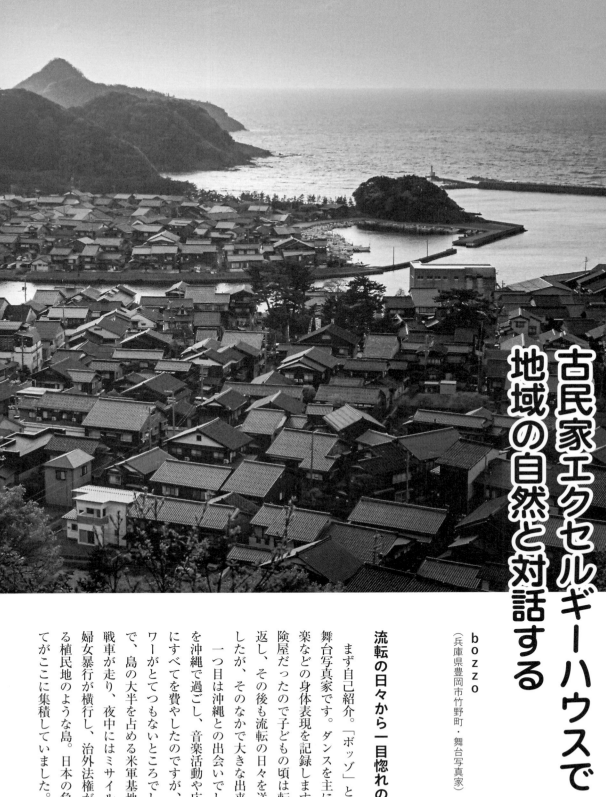

愛犬アフロとbozzoこと
森英嗣＆妻の歩
http://www.bozzo.jp

竹野町の町並み。身を寄せ合うように家が建ち並び、潮風が吹き抜けるのを防ぐ

二つ目の大きな出来事は東日本大震災です。すべてが瓦礫と化した町並みも衝撃的でしたが、その後の社会の動き——防潮堤が張り巡らされたり、原発事故の責任を取らなかったり、その場その場の対応のお粗末さにビックリ。

　これら二つのことから、ボクは道理のエエ加減さを学びました。人間の考えることは相対的で確固とした基準があるわけではなく、常にその場しのぎなのだわ、と。要はしょうもないなぁ、人間社会。

　反対にそれが浮かび上がらせるのは、カラダ一つで訴えかけるダンサーの崇高さ。言葉で構築した世界にはウソが紛れてるけど、カラダで構築した世界はホンモノだと。内なる自然の崇高さでした。

　東京の、言葉のウソで構築した世界から脱却すべく、コロナに便乗して2021年、豊岡市竹野町に移住します。竹野の海は素晴らしかった。海と山が防潮堤で分断されることもなく、「一町一川」で、一つの川が一つの町で循環する土地に一目惚れしました。

床下の水タンクで自然の恵みを生かす

　そして——築80年の古民家と出会います。オール竹野産の住宅。しかも大工さんも左官屋さんも竹野の職人さんで、竹野の山から木を運んできて建てたオーダーメイドの造りに惚れ込みました。

　大量生産・大量消費の現代社会のなかで、生産性・効率性のみを追求し、風土や環境を無視した、どこに行っても同じ設計・同じ間取りの現代建築とは真逆のベクトル！　身の丈の真実を感じました。

　そんな古民家を改修するならエクセルギーハウスだ！　と、旧知の建築家・黒岩哲彦さんにお願いしました。

　エクセルギーハウスとは「自然を見つ

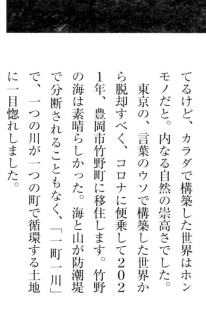

エクセルギーハウスのしくみ

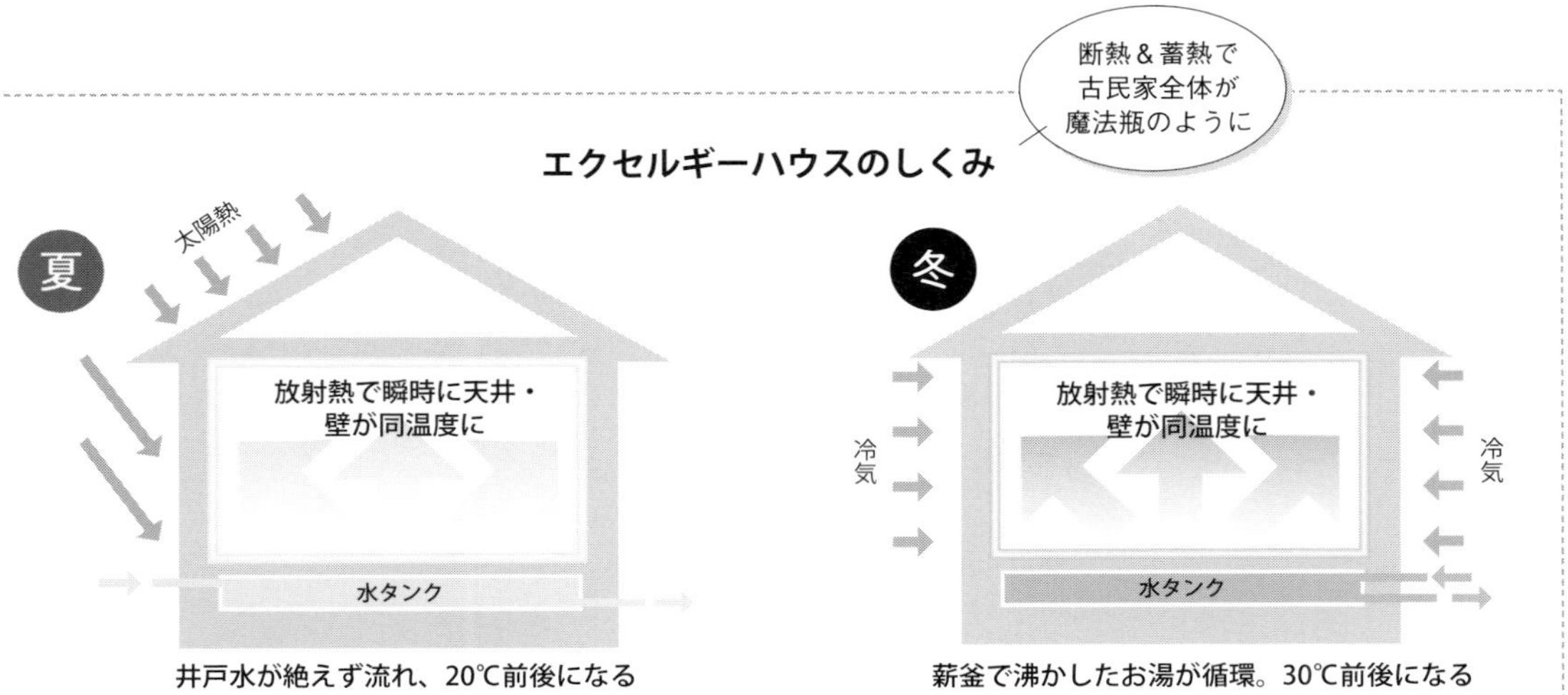

「エクセルギー」とは

本来、物理の熱力学領域の用語だが、建築家の黒岩哲彦さんは「自然の力を借りて暮らすための知恵」という意味で使っている。

エクセルギーハウスの快適さの秘密は、室温ではなく床・壁・天井の「周壁温度」にある。床下の水タンクが発する放射熱が、夏は周壁温度を気温より低く、冬は逆に高く保つ。これにより夏の室温が30℃でも冬の室温が18℃前後でも、快適に過ごすことができる。冷房や暖房で室温を保つわけではないので窓は開けたままでもいい。

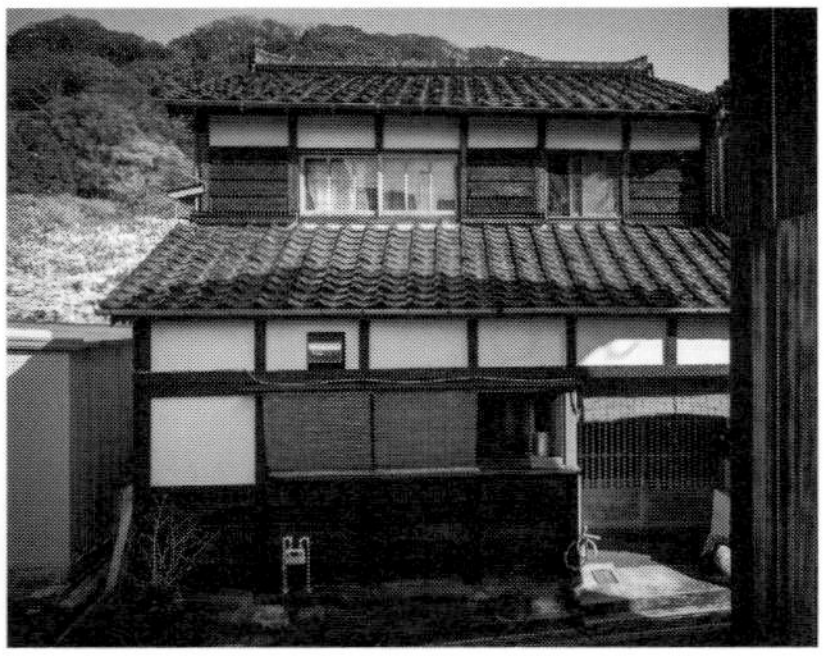

改修後の古民家。外壁の黒い部分に焼き板が使われている。総改修費は約700万円。豊岡市の移住助成金100万円、リフォーム助成金30万円を利用

筆者が出会った築80年の古民家。トタンで囲われていた

め、自然の恵みを活かそうとし、暮らしを工夫する」家。身の丈で考え、身の丈にあった暮らしを育てる家です。

たとえば――畳の下に1tもの水タンクを配置して、水が持つ蓄熱効果で古民家全体を暖め冷やすしくみをまずは取り入れました。夏は井戸水をこのタンクに溜めてひんやりと。冬は薪釜で水を温め、ぬくぬくと。

そして古民家全体を発泡スチロールで囲みました。蓄熱・断熱効果バツグンの発泡スチロールで古民家全体が魔法瓶のような状態になり、水タンクの温度が放射熱によって天井や壁に伝わります。

焼き板で深まった地元愛

さらにさらに――竹野の町並みを印象づける「焼き板」を古民家再生とともに実演。スギ板を三角に組み、その内側を焼くことで炭化層をつくり、板を強くし、潮風から家を守る先人の知恵を継承しました。

昭和50年代は盛んだった焼き板ですが、経済合理性のシステムのなかで、風土文化よりも効率性が重んじられ、流通網の発達により廃れてしまいます。今は竹野

エクセルギーハウスに改修中。床をはがしたところに水タンク（容量1t）が横たわる

竹野産の建材を使うことにこだわった

壁の断熱材の取り付け作業は1日で終わった

でたった２人の大工さん＆元大工さんが焼き板文化継承に奮闘してくれてます。

築80年の古民家が、昔ながらの工法で、竹野の木、竹野の職人さんとともに改修され、しかも新しい技術も取り入れられた「地産地建」の家として生まれ変わりました。竹野という土地で80年培われたものが、竹野の職人さんの手で継続され、その結果、ボクらもその歴史とともに竹野に受け入れられたのです。古民家が竹野産の木で再生されたことで、ますます竹野への愛が深まりました。身の丈が、そのまま拡張される思いでした。

竹野の木が育った山や川、海、そして町へと自分の意識が向かいます。日々の営みが竹野産に囲まれることで、山も自分、川も自分、海も自分、町も自分……と、我が事のように竹野への興味がわくのです。

身の丈でとらえ、身の丈で考える

地域自治とはこういうものではないでしょうか。「一すなわち全、全すなわち一」の関係性をその土地で築くことから生まれるのだと思うのです。この土地を愛することで、身の丈が引き伸ばされ、

焼き板をつくる。一斗缶で木クズを燃やしながら、三角に組んだスギ板を煙突のようにして内側を炭化させる。3分間で仕上げる「大人の火遊び」はココロオドル手仕事

焼きたての状態。ふつうより厚めの30mmの板を使った。炭化層の厚さは15mm近い

自分もこの土地の一部だと実感できれば、その土地の空気・水・食物で育まれたこの自分のカラダ一つもまた崇高であると気づかされ、その地域を守りたいと思うのです。それが地域自治、ひいては真の政治につながるのではないかと。

カラダ一つで訴えかけるダンサーのように、身の丈を基本にとらえ、身の丈で考える。築80年の古民家と出会って得られた教訓です。

自然の力を借りる有機農業的家づくり

黒岩哲彦（建築家・㈱エクセルギー代表）

有機農業的建築とは

「エクセルギー」とは本来、物理の熱力学領域の用語ですが、建築家として私は「自然の力を借りて暮らすための知恵」という意味で用いています。

エクセルギーハウスでは、有機農業技術の基盤にある考え方と同じものを根底にしています。

①自然の力を借りて暮らそう
②自分たちの営みそのものを活用しよう
③隣の生きものたちに活躍してもらおう

そこで今ではこの建築システムを「有機農業的建築」と表現するようになりました。

▼自然の力を借りて暮らす

有機農業では、遠くから掘り出してきた石油を原料につくる化学肥料や薬品は、便利だけれどもじつは合理的でないので、使わないようにしています。建築に多く用いられる電気も、発電所でできた資源を「10」とすると建物には「3」しか届かないので、じつは合理的ではありません。エクセルギーハウスでも有機農業と同様に、遠くから来る、便利だけれども合理的ではないしくみにできる限り頼らず、身近な自然の力を借りようと考えています。

建築でも、そこに降り注ぐ光と水の力を借りることがまず一番のはずです。エアコンは便利ですが、原理からいって、室内を冷やす量より室外を温める量のほうがはるかに多くないと稼働しない、「屋外暖房機」といえるようなものです。

エクセルギーハウスでは、建物に降り注ぐ雨を溜めておき、自然の力の蒸発冷却で夏でも室内を涼しくするしくみを導入しています。また同時に、その溜められた雨水は、冬には太陽の光で温められ、室内を暖かく保つようになっています。

▼自分たちの営みそのものを活用

有機農業では一般に、そこに暮らす人の生活や地域と、農業という仕事とのつながりが強いという特色があります。そのことが、生活の場でありかつ地域の構成要素の一つである建築と有機農業の共通性といえるでしょう。

有機農業では、厨房で生まれるごみを堆肥として活用します。暮らしのなかで発生するものを何か他のことに活用しようとするのは自然な発想です。堆肥化の過程を暖房に使えないか、さらに、モミガラのくん炭化も活用できないか、と実践するのは、有機農業者とエクセルギーハウスの建築家に共通する姿勢です。

ここに、建築のこれからのあり方を示す重要な視点があります。山には山の営みがあり、浜には浜の営みがある。そうした「自分たちの営み」を自分たちの建築環境に活用する知恵です。現代におけ

図1　エクセルギーハウスと有機農業

遠くから持ってこない
身近なもので成果を出す

る建築では、その土地の営みを大切にせず、遠くの資源に頼ることが便利だとして取り入れてきました。しかし、建築を日々の営みの場であるとすると、自分や近所の人の日常の営みに支えられていることのほうがはるかに安全で安心だと、東日本大震災でも、十分実感させられたはずです。

▼隣の生きものたちに活躍してもらう

電化製品に頼ることが当たり前になっている建築ですが、有機農業でイネを育てるのと同じように、隣の生きものたちに活躍してもらうことによって良い展開を実現することができます。

たとえば、世界中の高級住宅では木は家より大きいのは当たり前です。オーストラリアの一部には「建物は木より大きくてはならない」という法がある地域もあります。そうすると夏は葉が茂り建物は涼しく、冬は葉が落ちて暖かくできます。自然の冷暖房です。

エクセルギーハウスでは、庭に様々な生きものが生活できる水路を設けます。そこに厨房排水を流し、セリ、クレソン、ミント、ハス、イネなど様々な食菜を育てて水質浄化を図り、自然の力を借りて最終的には飲み水とするしくみを導入しています。

真理とかけ離れた「常識」

ところで、自然や生きものに触れる機会が減ってくると、私たちが常識と思っていることが、真理からかけ離れたものになっていることがあります。たとえば、

①室内の空気のほうが外気よりきれい
②水道水は雨水よりもきれい
③一般電力は最もきれいなエネルギー

じつは、これらは間違った規範です。

①について具体的に考えてみましょう。室内では、人間の吐く二酸化炭素、汗や服のほこりなどが空気中にまき散らされるので、新鮮な外気をこまめに取り込まなければなりません。

②についていうと、雨水は最も蒸留水に近い水といえます。水道水は塩素で殺菌されているから「きれい」と表現されますが、じつは、雨水に比べ塩素をはじめ様々な物質を多く含んでいます。含んでいるものが少ないという意味での「き

れい」からすれば、雨水と比較してきれいとはいえない水なのです。
③も同様。一般電力は極めて便利なこともあり、一見、きれいなものと思われがちです。しかし、東日本大震災でも明らかになったように、放射性廃棄物や石油起源の排気ガスを排出することなしには使えない、出所までたどればきれいとはいえない存在です。

図２　エクセルギーハウスの技術

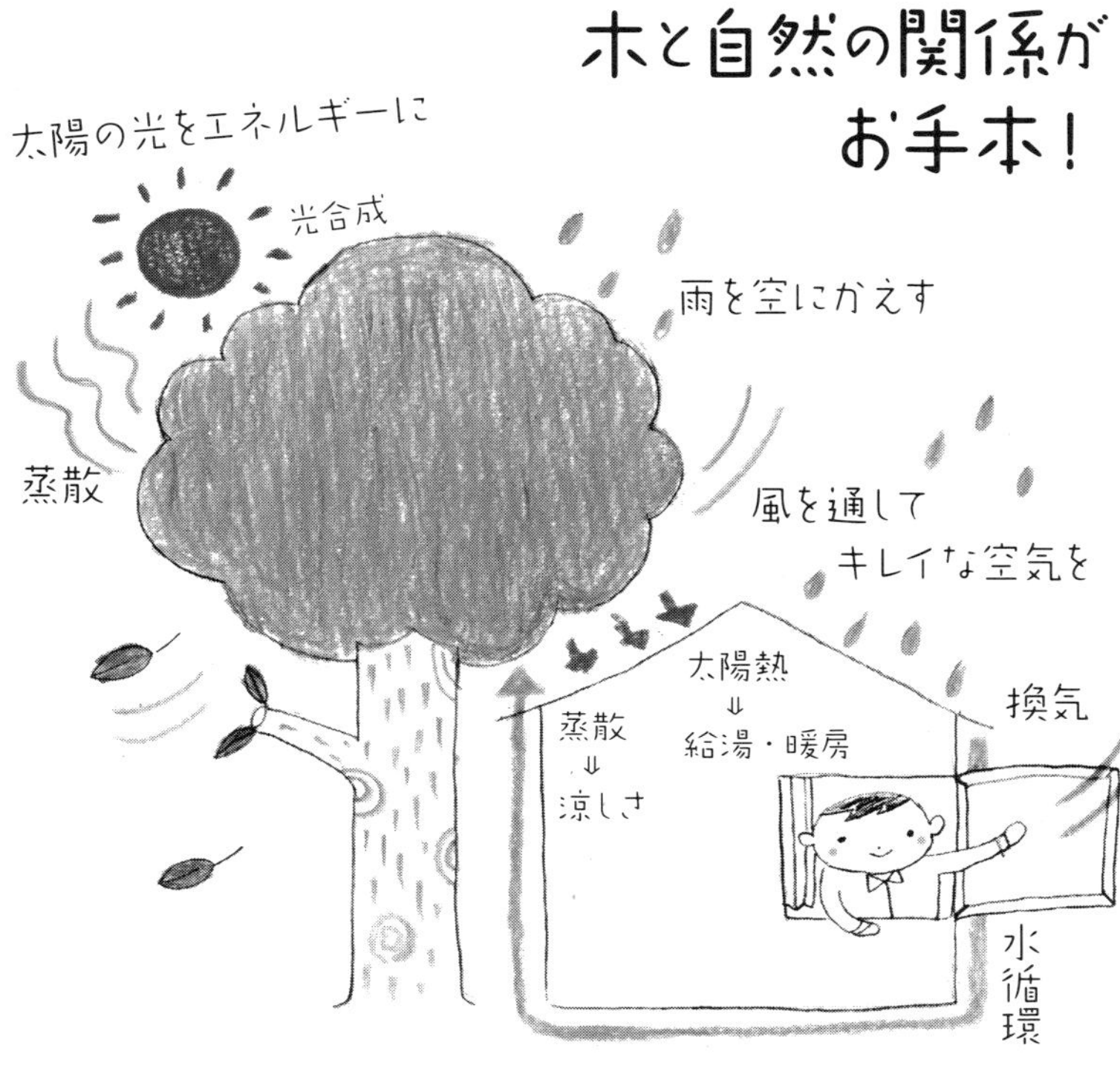

木のしくみに学んだ家

以上の見直しに沿って、まずは暮らしをいったん整理してみると、

①外気を借りてかえそう
→窓を開ける暮らし
②雨水を借りてかえそう
→雨を空にかえす暮らし
③太陽の光を借りてかえそう
→太陽の光を熱源とする暮らし

これら三つの規範は、植物のしくみそのものだということに気づかれたでしょうか。建物がたくさん建つ前の日本には木がたくさん茂っていました。その木を切って代わりに建物を建てるのですから、木がその土地の自然に対し営み続けてきた関係性を建物の規範にすべきだと考えます。たとえば、地中深くの地熱がいくら自然のもので、暮らしに役立ちそうに見えても、木が活用していなかったものを建物が使うなどということはあってはならないことになります。下は根の届くところ、上は葉の届くところ、その範囲の自然しか活用しないことが大切です。

エクセルギーハウスでは、暖房・給湯・冷房・浄化を自然の力だけで実現できます。人類より長く存在してきた生存の達人である木のしくみに学び、そのほんの一部を建物に生かすだけで大きな効果をもたらすのです。

夏、快適なエクセルギーハウスのしくみ

まとめ＝編集部　写真＝黒澤義教

東京都小金井市にある「雨デモ風デモハウス」は、都の地球温暖化対策推進事業として、市民や専門家、NPO、大学などの協力を得て小金井市が建設した研修施設。いわばエクセルギーハウスのモデルハウスである。p73に登場した黒岩哲彦さんにしくみを紹介してもらった。

エクセルギーハウスのしくみを取り入れた「雨デモ風デモハウス」

図１　雨水と風を利用した冷房のしくみ

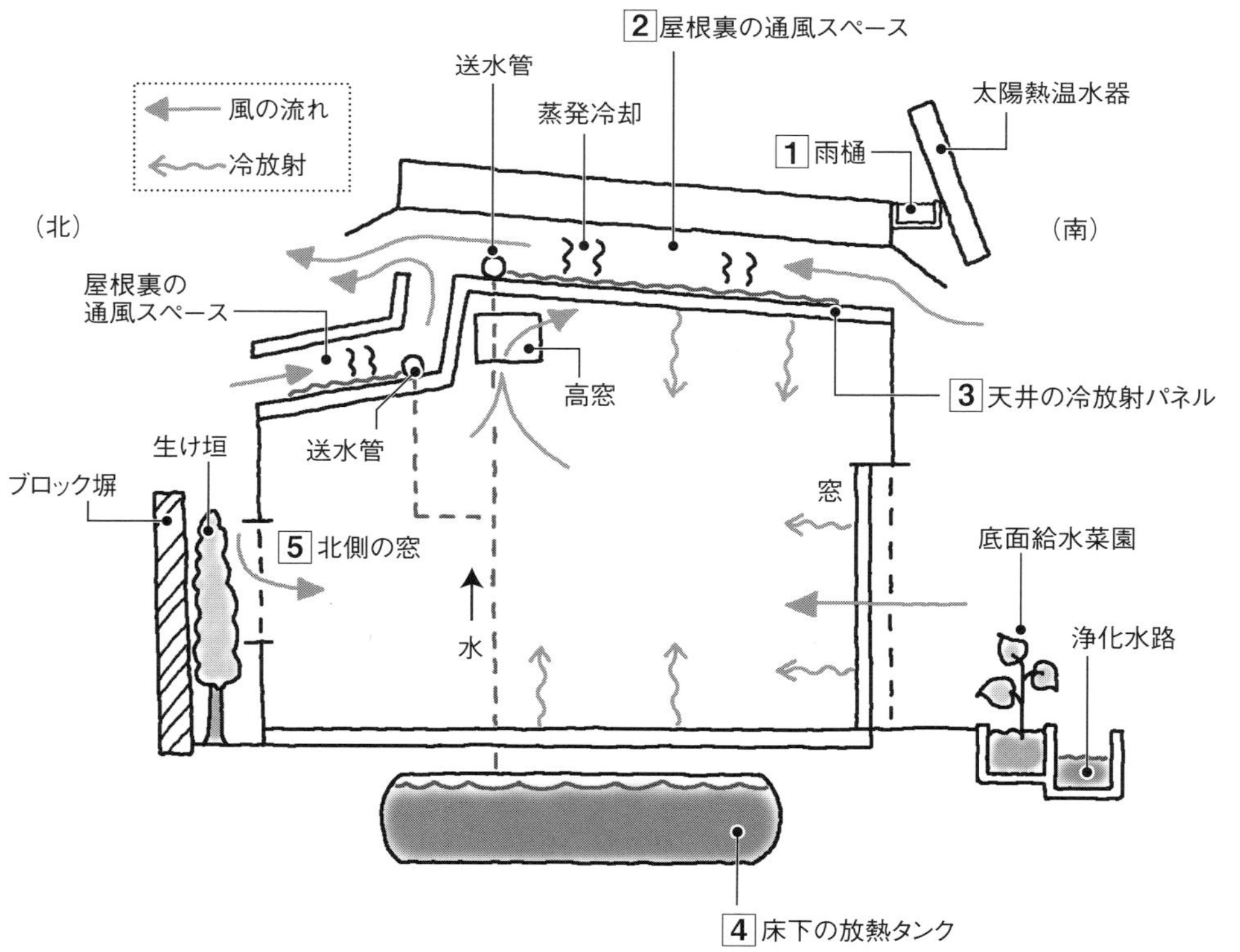

天井や壁の温度を外気より5、6℃、室温より3、4℃下げることで身体に負担をかけない涼しさを得られる。エアコン冷房の部屋と違って、窓は開けっ放しでよい

図2　雨樋のしくみ（断面図）

＊以下、写真の番号は図1の参照位置を示す。

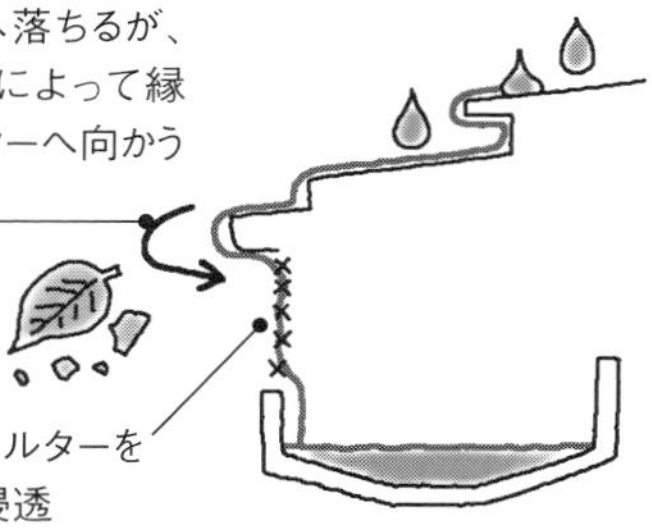
ごみなどは下へ落ちるが、
水は表面張力によって縁
を伝ってフィルターへ向かう
セラミックのフィルターを
通して、水だけ浸透

きれいな雨水を集める**雨樋**。落ち葉やほこりが入らない

天井の冷放射パネルは、熱伝導性に優れた金属製。裏側（上側）で水を蒸発させることで冷える

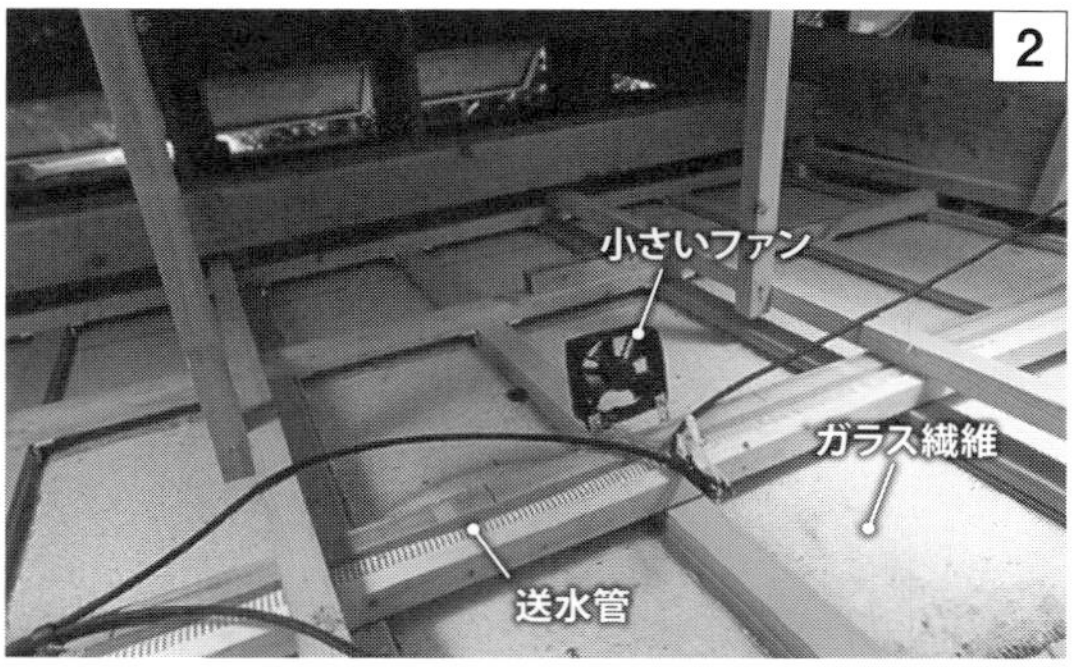

屋根裏の通風スペース。天井の裏面に張ったガラスの繊維を、30分おきに点滴施用する水で湿らせ、気化熱を奪うことで冷やす。小さいファンは、乱流を起こして蒸発を進める補助用

床下の放熱タンク（容量3 t）。雨水を溜めて床を冷やすほか、屋根裏へ蒸発冷却用の水を送る（冬は太陽熱温水器で温めたお湯を溜めて床暖房）。太陽光発電の電気をバッテリーに蓄えて送水ポンプを動かしている

北側の窓。建物の1m外側に設けたブロック塀や生け垣との間に冷気が溜まる。高窓から空気が抜けることで、この冷気も取り込める

床暖房にも風呂にも役立つ温水薪ストーブ

森 雄翼《ゆうすけ》（石川県七尾市）

僕はかれこれ6年くらい薪ストーブ生活を送っていますが、常々、この熱でお風呂でも沸かせたらいいのに……と思って、これまで数々の実験・工作を繰り返してきました。

はじめはストーブの煙突から出る排熱に着目したのですが、納得のいく結果は得られませんでした。実験を始めて3年が経った頃、コペルニクス的転回。まったく別のアイデアがひらめきました。

ストーブの背面から放出される熱、つまり人がいない側の炉壁を温めるだけの熱って、まったくの無駄とはいわないけど、

温水薪ストーブ。ワイドな窓（幅43cm）で火をながめられる

「温水薪ストーブ」とは？

背面に温水タンクを付けた薪ストーブ。空間暖房しながらタンク内の水が温まることで、床暖房や風呂用の水を温められる。60cmの薪が入り、天板で調理もできる。

温水薪ストーブの構造

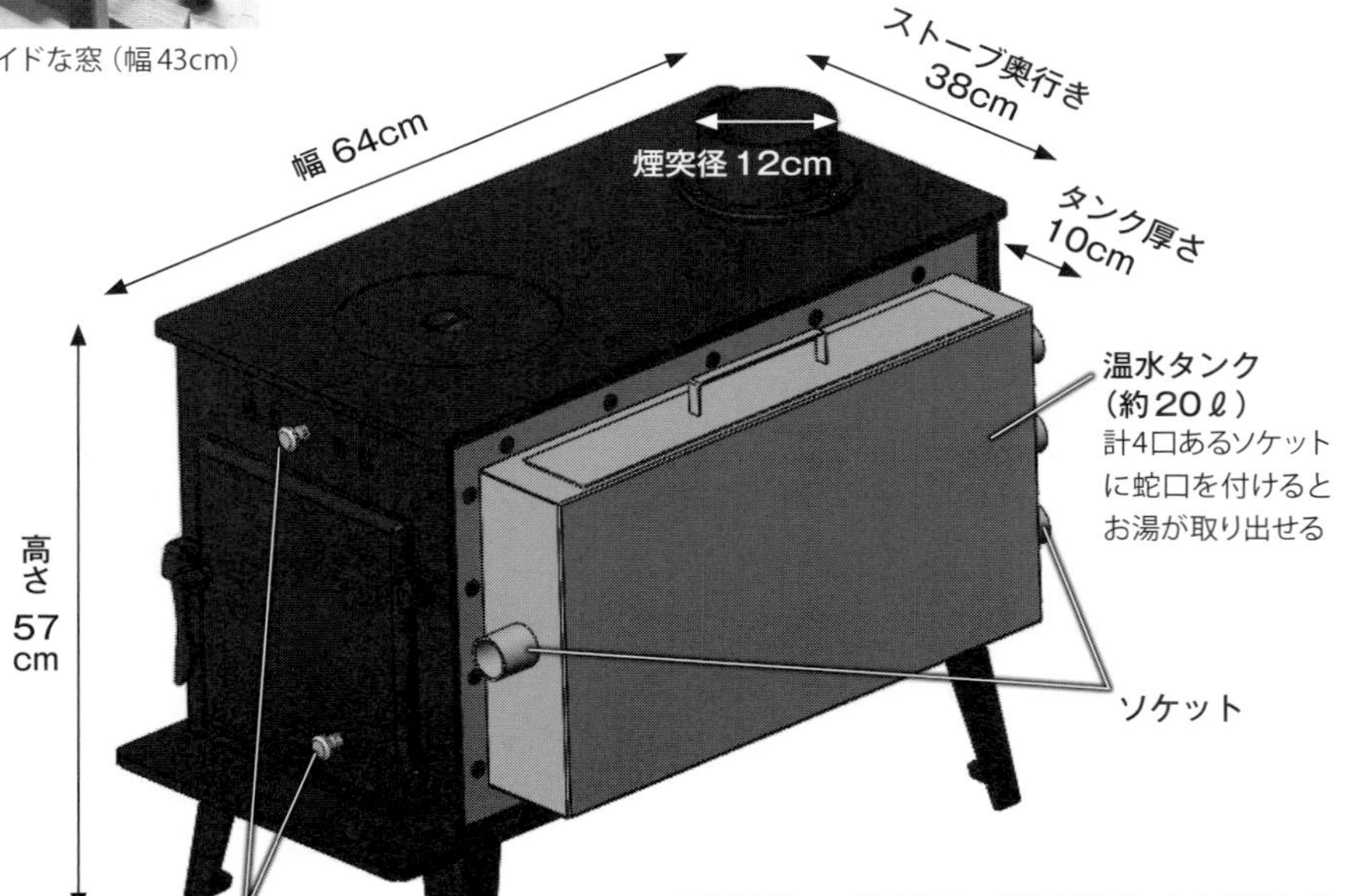

天板は10㎜、側面は5㎜の鉄板製で、火力が強い針葉樹の薪も燃やせる。ドアやロストル、煙突接続部分などは鋳物。約110kg。販売価格は22万円（税込）

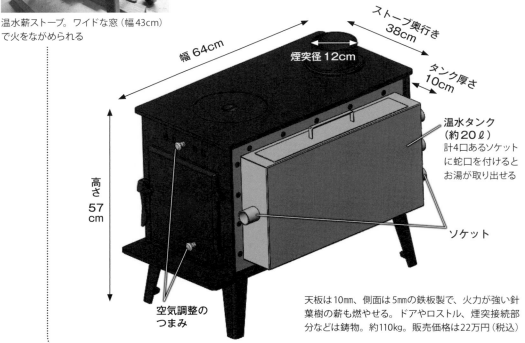

結構もったいないのでは？

そう思った僕は、既製品の中国製ストーブの背面にタンクを抱き合わせた試作品をつくり、床暖房やお風呂の熱源にしてみたら、まあこれが暖かいのなんのって。うちのような底冷えする古民家の生活には革命でした。

温水薪ストーブ一台あれば、断熱のない20畳の空間でもポカポカになります。ストーブをつけて40～60分で室温は23℃、床面は40℃ほどに。足元が暖かいと実際の室温よりも暖かく感じます。また、配管施工さえすれば、薪ストーブがない部屋でも温めれます。

これは売れる！ そう確信して商品化を決意。薪ストーブと床暖房パネルを中国で製作してもらい、輸入しての販売を始めました。

＊問い合わせ・注文はecoばかクリエイション（TEL080-1297-0758・森）まで。

床暖房と風呂用の水を温めるしくみ

風呂用の水は、太陽熱温水器では温度が十分に上がらない日だけ、ストーブの熱で水温を上げる。

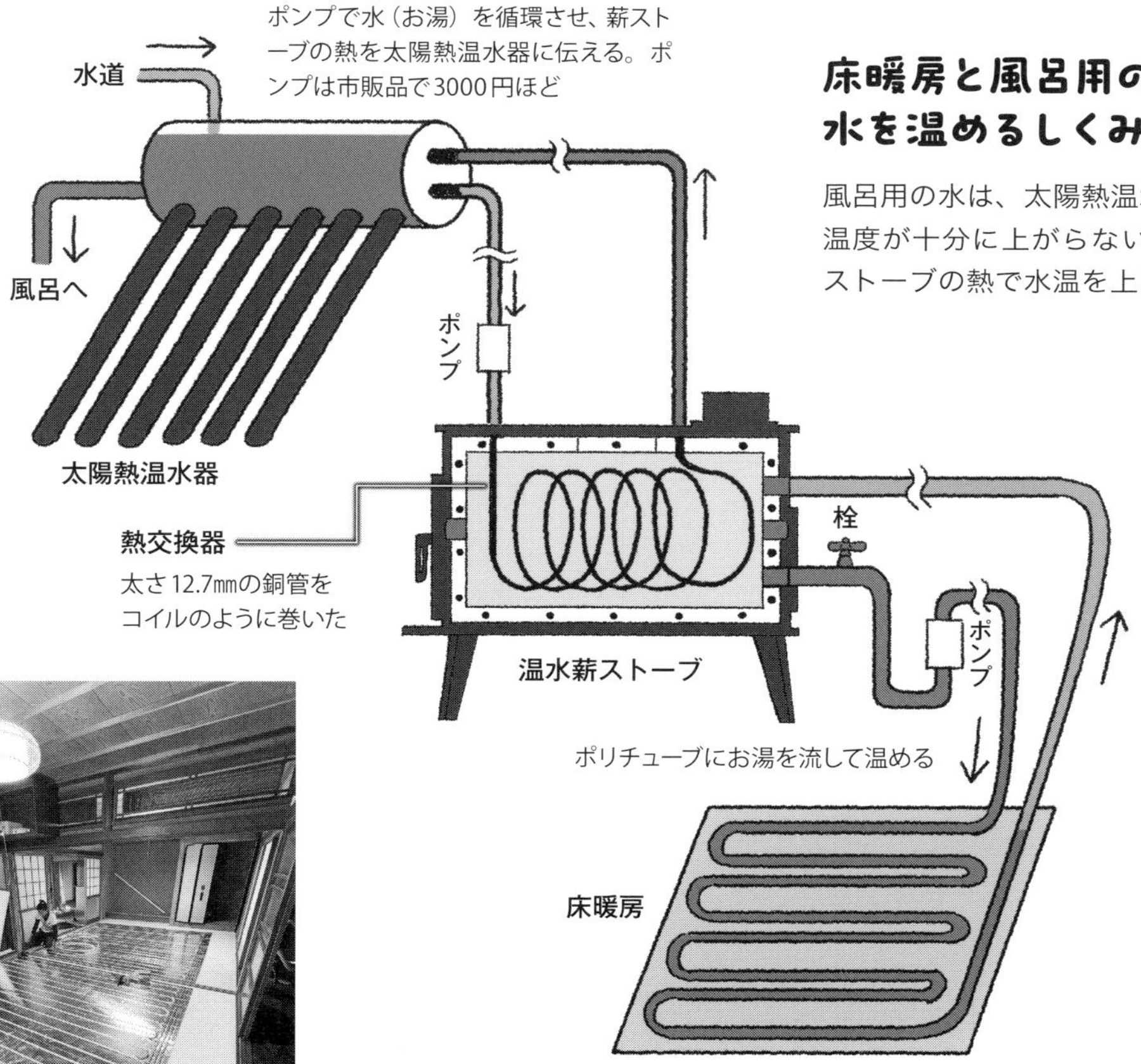

床暖房パネルを敷き、ポリチューブを這わせているところ。パネルの溝にチューブをはめ込むだけでラクに施工できる。6畳分で3万3000円（税込）

温水薪ストーブによる床暖房を設置した部屋

憧れの二重断熱煙突を簡単に自作するワザ

多田朋孔《ともよし》（新潟県十日町市）

自作の二重断熱煙突。煙突内にススやタールが溜まりにくいので、煙の抜けがいい

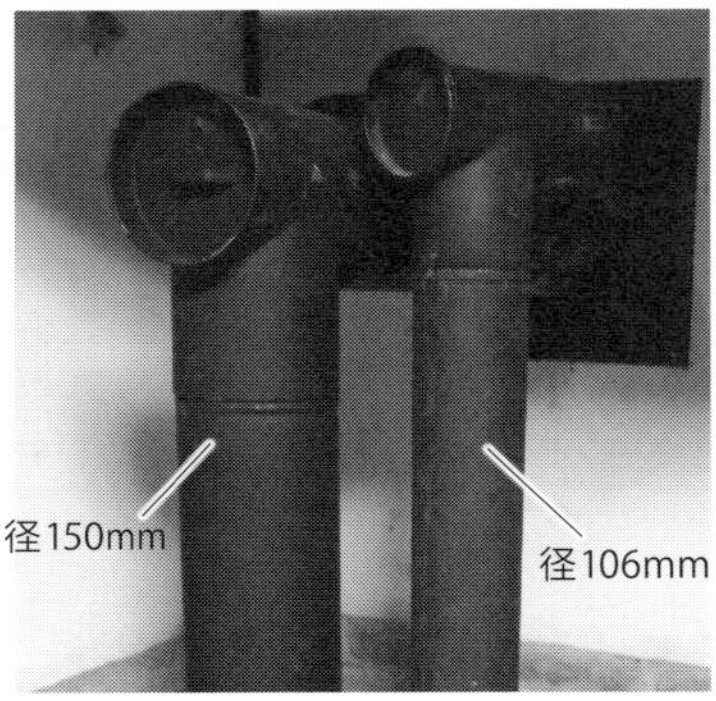

初代の薪ストーブの煙突（径106mm）と現在の煙突（径150mm）。かなり太さが違う

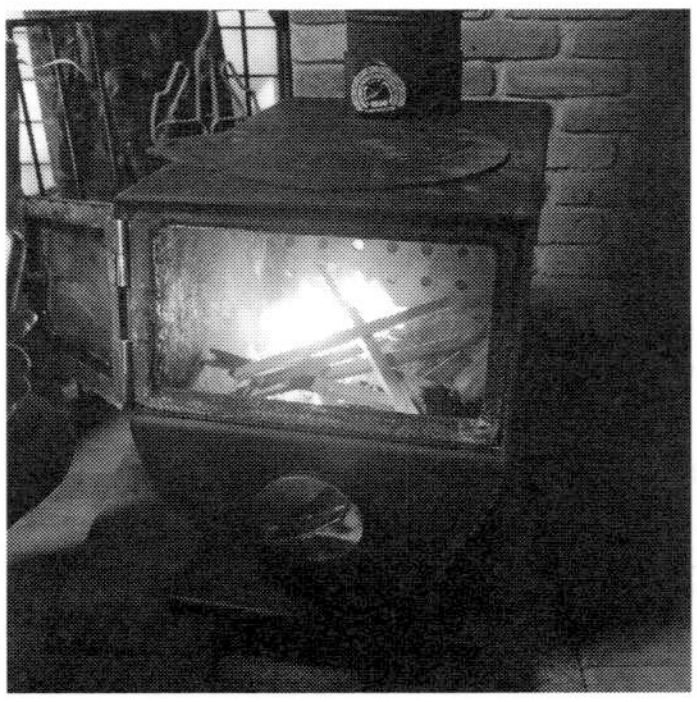

愛用の薪ストーブ（モキ製作所のMD80 II）は、スギなど針葉樹の薪もじゃんじゃん燃やせる

シングル煙突は煙が逆流!?

私は2010年2月、「地域おこし協力隊」の制度を活用して妻と当時2歳の長男を連れて田舎暮らしを始めました。現在は新たに2人の息子が生まれて5人家族。協力隊の任期終了後も、米づくりや地域おこしのNPO法人の事務局長をして生計を立てています。

移住して間もない頃、「雪国の十日町市で暮らすからには薪ストーブを楽しみたい」と思っていたら、ラッキーなことに協力隊の同期が「古いのでよければあげるよ」と譲ってくれたのです。

ところが、この薪ストーブは直径106㎜の細いシングル煙突のタイプ。外気温で煙突内が冷えるとススやタールが溜まりやすく、2週間に1回くらい煙突掃除をしないと、煙の抜けが悪くなります。時には逆流することもあり、部屋中が煙だらけになりました。燃焼効率も悪いようで部屋がなかなか暖まりません。真冬は服を7枚重ね着しないといられないほどで、いずれは二重断熱煙突に交換した

シングル煙突と断熱材を使った二重断熱煙突のつくり方

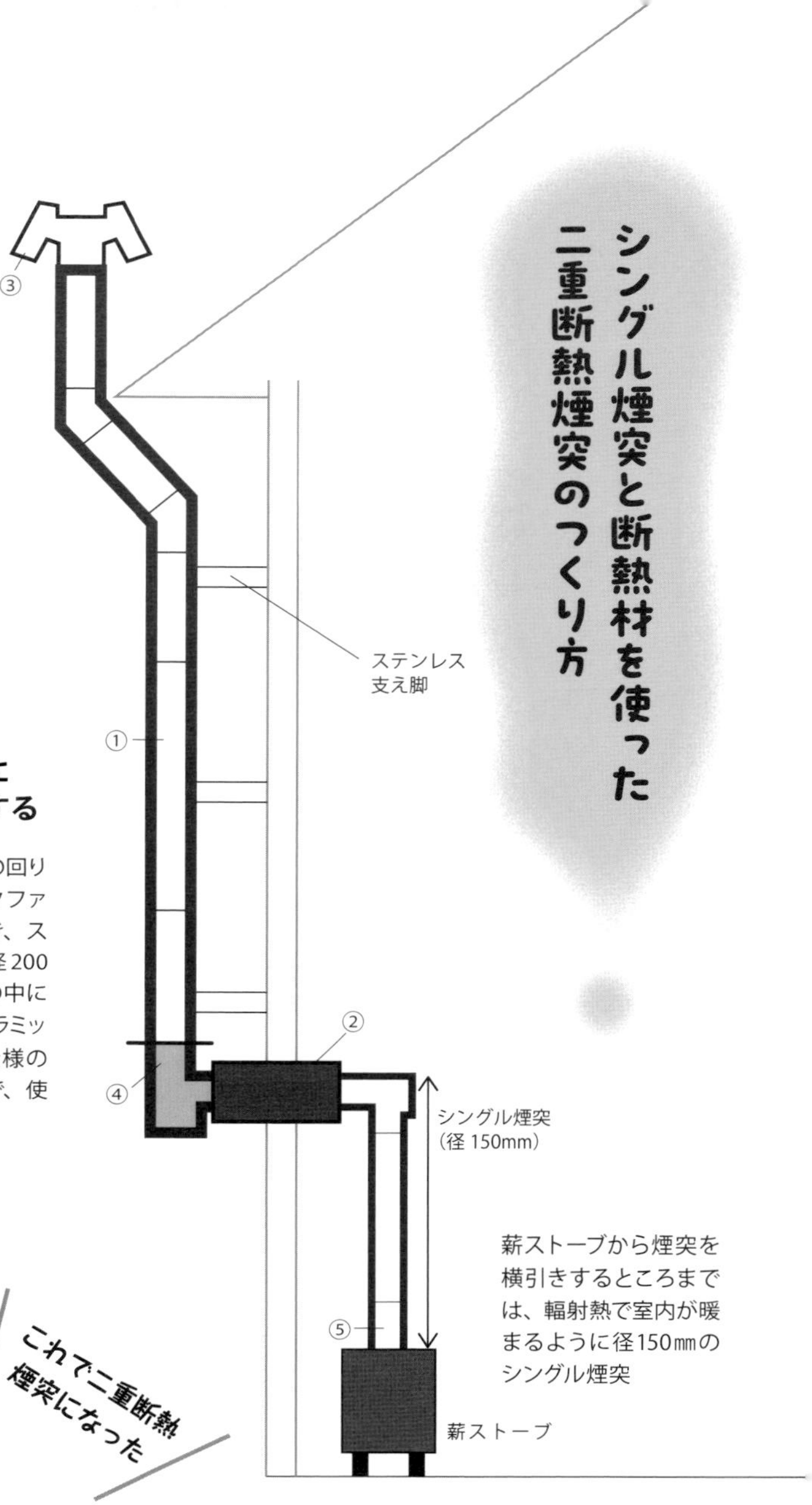

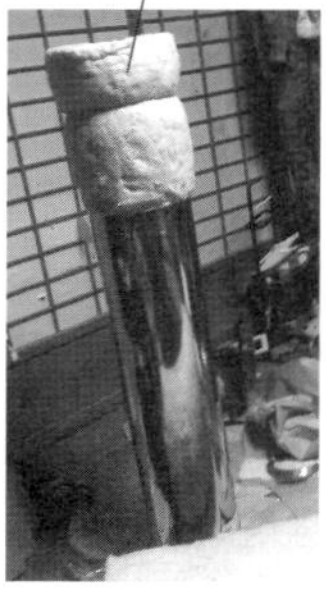

①縦引きはロックウールで断熱

150㎜の直筒に25㎜厚のロックウール断熱材を巻いてステンレス線で固定。200㎜の直筒の中に入れて二重断熱の直筒をいくつもつくる

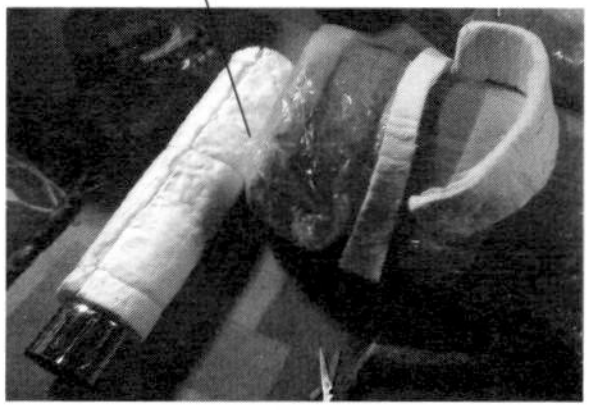

②横引きは特に断熱を徹底する

径150㎜の直筒（銀）の回りに25㎜厚のセラミックファイバーの断熱材を巻き、ステンレス線で固定。径200㎜の直筒（黒耐熱）の中に入れて二重にする。セラミックファイバーと耐熱仕様の直筒は値段が高いので、使うのはここだけ

これで二重断熱煙突になった

いと思っていました。

そんななか、長野県の元地域おこし隊の人とのやり取りのなかで、彼が持っている中古の薪ストーブと、私がつくる米4俵を交換しようとなったのです。入手したモキ製作所の「MD80Ⅱ」は、煙突が直径150㎜の太いタイプ。必然的に煙突を交換することになりました。

自作なら市販品の半額以下

まずは煙突をどのように設置するか、設計図を書いて必要な部品と価格を調べてみました。

材料は「ホンマ製作所」の既製品を使おうと考えていましたが、お目当ての二重断熱煙突はパーツだけでも24万5240円。これで設置を業者に任せたら50万円以上になってしまいます。

そこで「薪ストーブ、煙突、自作」のキーワードでインターネットを調べると、いろんな人が二重断熱煙突を自作する記事を書いていました。自分でもできそうだと思ったので、実際につくってみることにしたのです。

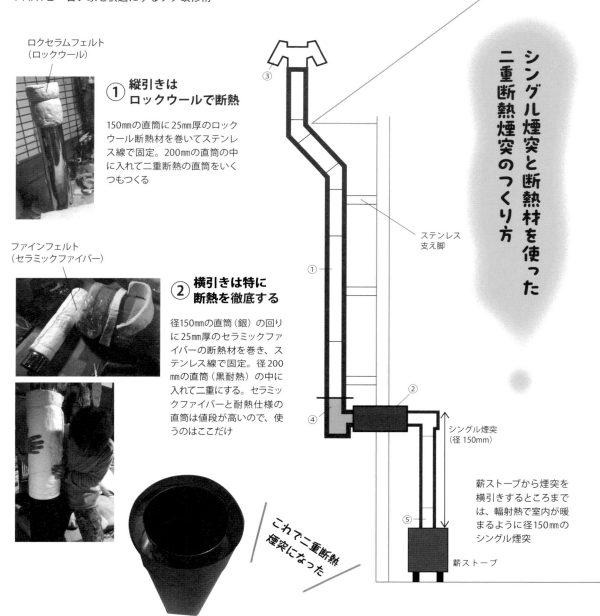

二重断熱煙突に必要な材料

煙突	
ステンレスH笠（銀）150mm	1 個
T 曲 90°（銀）150mm	1 個
T 曲 90°（黒耐熱）150mm	1 個
エビ曲 45°（銀）150mm	2 個
エビ曲 45°（銀）200mm	2 個
直筒（銀）150mm	7 本
直筒（銀）200mm	6 本
直筒（黒耐熱）200mm	1 本
スライド（黒耐熱）150mm	1 本
ステンレス二つ割 DX（銀）	4 セット
ステンレス支え脚 DX 380mm（銀）	4 セット

断熱材ほか	
セラミックファイバー断熱材（ファインフェルト）	1 枚
ロックウール断熱材（ロクセラムフェルト）	1 セット
ダクト用防火材（セラカバー S）	1 本
アルミテープ	1 個
ステンレス線（約 100 m）	1 セット
ダンパー（6 インチ）	1 個

③ 煙突のトップを付けて完成

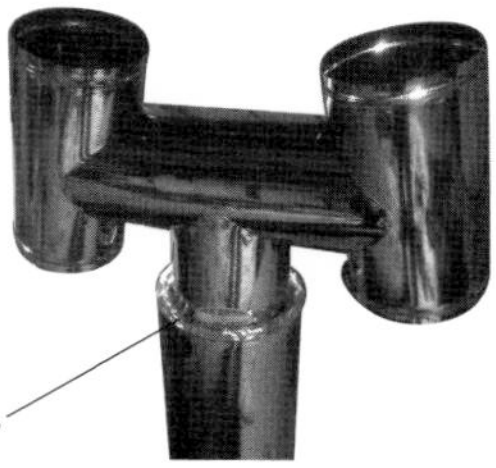

煙突トップの部分は150㎜のシングル。雨が接続部の隙間に入らないようにアルミテープで塞いだ

アルミテープ

④ 屋外の立ち上げ部分はセラカバーSで断熱

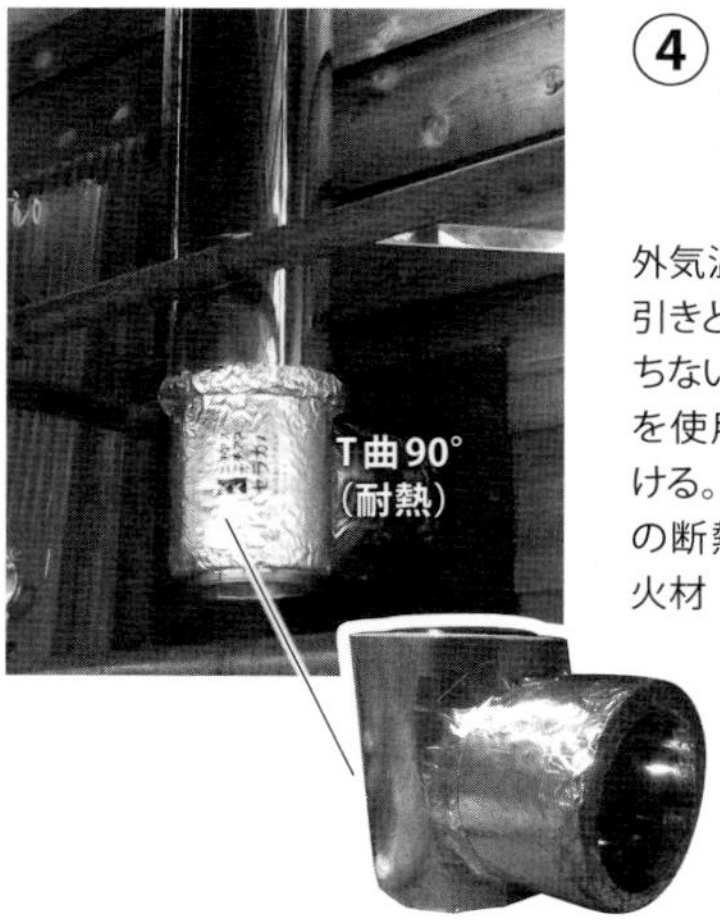
T曲90°
（耐熱）

外気温で煙突が冷やされる縦引きとの接続部。ドラフトが落ちないようにT曲90°（黒耐熱）を使用し、断熱材にカネをかける。ロックウールの2倍以上の断熱効果があるダクト用防火材（セラカバーS）を巻き付け、つなぎ目の隙間はアルミテープでしっかり塞ぐ

⑤ 煙突ダンパーでドラフトを調整

自作の二重断熱煙突は空気（煙）の抜けがとてもいいので薪がすぐなくなる。燃費をよくするために煙突内にダンパー（フタ）を設置。閉じると煙の抜けを強制的に遮断するので燃焼が抑えられる

ダンパー（6インチ）

なるべく安くつくるため、場所によって断熱材を変えました

筆者

煙突を自作するといっても、基本的には直径150㎜と200㎜のシングル煙突を重ね、間に断熱材を入れるという程度で、まったくゼロから煙突をつくるわけではありません。材料はすべてホンマ製作所の既製品（表）です。これらを一式そろえたところ、合計9万8193円。何と既製品購入額の半分以下で収まりました。

薪ストーブの燃料効率もアップ

2日ほどの作業で二重断熱煙突が完成。16年の冬から使っていますが、すこぶる調子がいいです。ドラフト（上昇気流）効果で、炉内からの煙の引き込みが大きくなり、薪ストーブの燃焼効率が一段とアップしました。

自作の煙突なので安全性には注意が必要でしたが、今のところまったく問題なく使えています。とはいえ、この記事を読んで二重断熱煙突を作られる方は、くれぐれも自己責任でお願いします。

築105年となるこの家は祖父が建てた。木製の雨戸をアルミの二重サッシにリフォームしたが、外観はほぼ当時のまま

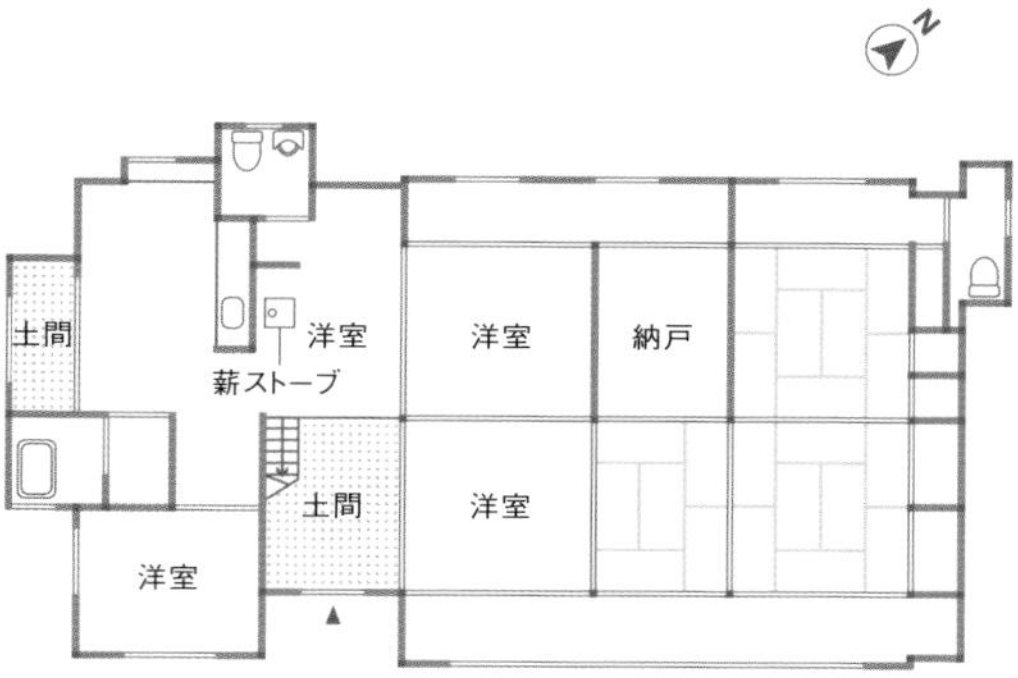

長く空き家にしていた実家 薪ストーブ設置で満足のUターン

文＝**伊藤直樹**（愛知県新城市） 写真＝大西暢夫

母が脳梗塞で倒れたのを機に両親を私の家（三重県四日市の社宅）に引き取ったのが30年ほど前。以来、実家は「空き家」になった。

両親は住み慣れた家に戻りたいという気持ちが強かったので、ゴールデンウィークや盆・正月などはできるだけ実家に連れて行った。母を寝かせながら移動できるよう大きなワゴン車を購入し、私の家族（妻、小学生と幼稚園の子ども3人）と両親の7人、片道4～5時間がかりの大移動。子どもたちは泊まりがけの遠足のようで楽しみにしていたのかもしれない。

毎回、実家に到着してからが、さぁ大変。まずは雨戸や窓を全開にして空気を入れ換え、お湯を沸かして一服したらキックオフだ。私の当番は庭の草刈り。納屋から刈り払い機を引っ張り出し、背丈を超える雑草を半日がかりで刈っていく。到着した日の作業はこれで精一杯。夕食後、ネジを巻いて動き出したボンボン時計の時刻の数を聞きながらバタンキューだ。

だが、両親も15年ほど前に相次いで他界。故郷で葬式を挙げた後も、私と妻は変わらぬペースで実家の手入れを続けてきた。

50歳を過ぎた頃から、実家の家をどうするか考え始めた。「古い家はリフォーム費用がかかるわりに住みにくいから、平屋を新築したほうがいいよ」と言う友人もいたが、私は最初から新築は考えていなかった。薪風呂や段差のある居間、隙間風の入る部屋で我慢しながら仕送りを続けてくれた両親のことを思うと、思い出の家を壊すことはできなかった。

定年が間近となり、Uターンすることを決めてからは、古民家改修の情報をいろいろ集めた。最終的にはインターネットでみつけた古民家好きの設計士に改修をお願いすることにした。

トイレの水洗化や水回りに費用がかかるのは覚悟していたが、古い家の最大の難点は耐震補強と寒さ対策だ。土台の足固めや柱と梁をつなぐ仕口《しぐち》をダンパー補強したり、床と屋根に断熱材を入れたり、薪ストーブと二重断熱煙突を設置し、総額2000万円ほどかかった。大改修となったが、私が幼少期に運動会をした広い家を孫たちにも味わってもらいたいし、立派な梁のある家を残せたことに今は満足している。

筆者と妻の陽子

1950年代後半までは蚕を飼っていた屋根裏は道具置き場だったので天井が高い。冬は薪ストーブ1台だが、吹き抜けの天井扇（シーリングファン）で熱が部屋全体に行きわたり十分暖かい。薪は持ち山を手入れして調達している

PART 3

空き家マッチングの取り組み

「家の終活」の相談に乗る取り組み

不在地主とも連携、2年に一度の空き家調査

長野県飯田市龍江《たつえ》地区

文・写真＝編集部

飯田市は旧町村ごとに20地区に分かれるが、天竜川を挟み、竜東が中山間地。人口は全体で10万人強だが、うち9割が竜西に住む。龍江地区は急峻な河岸段丘の地域で、人口は2795人（2019年3月）

常会長さんが調査・記入する
調査票の一部

2018年度龍江地区空き家調査結果

地区	空き家数	賃貸・売却可	賃貸・売却不可	未定	不明	その他	今回新たに空き家になったもの	空き家解消物件
1区	10	3	4		3		1	5
2区	17	5	6	1	5		8	6
3区	28	1	8	6	11	2	1	5
4区	32	5	10	4	13		8	1
合計	**87**	**14**	28	11	32	2	**18**	17

ザ・地域資源 空き家

「空き家は地域の資産ですからね。ちゃんと把握しておかないと」

木下博史さんが会長を務める龍江地域づくり委員会は、長野県飯田市龍江地区の自治組織。２０１１年、14年、16年、18年と、ほぼ2年に一度、空き家・空き地調査を地区全体でやってきた。

木下さんは最初からずっと関わっているが、調査のたびに新しい空き家が出てくるのはもちろん、前回空き家だったところが更地になったり、別の建物が建っていたり、太陽光パネルが並んでいたり……ということもままあって、意外と状況は変化する。地域の資産である空き家を、新しい住民を増やすのに使おうと本気で思うなら、今後も2年に一度くらいは調査を続けて情報をメンテナンスしていく必要があるなと感じている。

木下博史さん

不在地主にアンケート送付

地域づくり委員会のなかで、実際に空き家について担当するのは地域振興委員会。空き家調査は、振興委員会から、四つの区の区長さんを通じて常会《じょうかい》長さんにお願いする。常会長さんは配布された調査票を持って、自分の常会（集落）内の空き家・空き地を一軒一軒訪ね、状況を調べて歩く。特に、前回調査で空き家だったところの現在の状況や、新しく発生した空き家についての情報を集め、現地の写真も撮る。

大事なのは、空き家になっている家の持ち主の連絡先の入手。空き家にはいない。不在地主ということになるので、転出先を追求する。

だがたいていは、それほど苦労なくわかるという。東京や大阪だったり、飯田市内のわりと近くに引っ越していたりと行き先はいろいろだが、近所の人や親戚に聞くと住所はたいがい判明するという。

こうして情報が集約できたら、振興委

龍江地域づくり委員会組織図

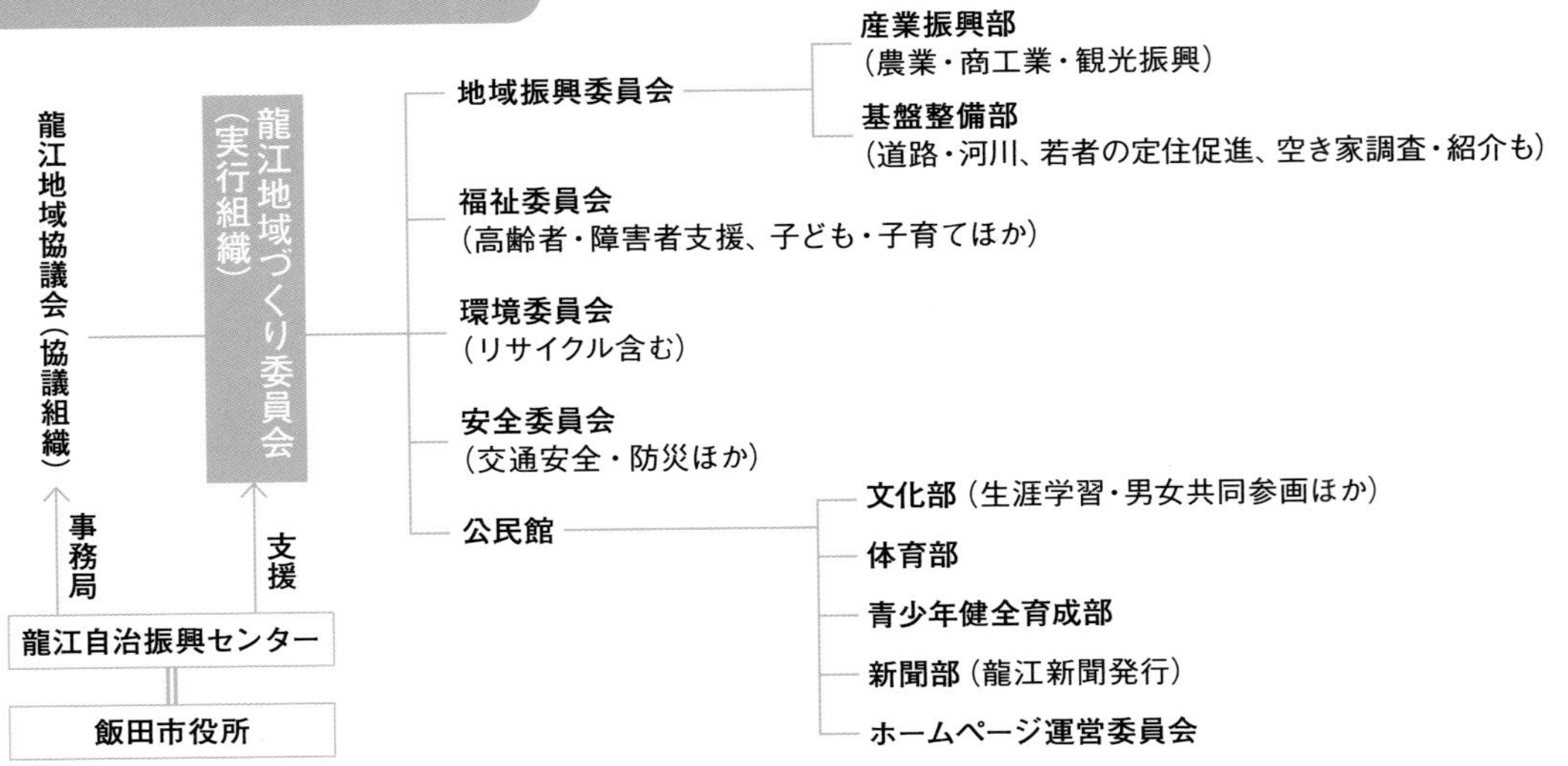

左から斎木和秀さん（地域づくり委員会副会長）、木下博史さん（会長）、後藤孝男さん（龍江自治振興センター所長）

「龍江地域づくり委員会」は任意組織でありながら、様々な委員会や部会をもち、地域自治の実行部隊である。その会長の木下博史さんは「龍江村長」並み（?）に多忙な日々。いっぽう龍江自治振興センターは市の組織で、支所としての役割も果たしながら、地域づくり委員会の活動支援をする。

このような地域自治のしくみは、飯田市20地区に共通。市からのパワーアップ地域交付金は毎年1億500万円で、これを人口割りなどで20地区で分ける。

飯田市では「愛する地域を想い、自分ができることからやってみよう（〜せむとす）」という「ムトス」の精神を合い言葉に自発的な地域づくりが進み、2007年には自治基本条例も制定されている。

員会が一括して空き家の所有者にアンケートを送る。「……空き家を活用することにより、地域の活性化や人口減少を食い止めて、活気ある地域を目指していきたいと考えています。つきましては貴方様の管理所有されている土地建物について、下記アンケートをお願いしたいと思います」との文面で、空き家を「貸してもよい」「売ってもよい」かどうか、今後の活用の意向などをたずねるのだ。

空き家はあるけど、貸し家はない

2018年調査のアンケートが戻ってきた結果が前ページの表だ。「貸してもいい・売ってもいい」という人は、全空き家87軒のうち14軒。

「『空き家はあるけど貸し家はない』って話、『季刊地域』（22号）の空き家特集でやってたでしょ。まさにあれ。まったく同じ状況だよ」

木下さんは、『季刊地域』22号を穴のあくほど読み込んでいる。「貸せない理由も、あれに書いてあった通り。『仏壇がある』『荷物が片付けられない』『汚れてて恥ずかしい』『盆や正月にたまに帰るかも』『田畑の世話に帰るかも』……。本人が貸す気になって話を進めてても、兄弟や親戚が反対して直前でダメになるケースもあるし」。

それでも18年調査では、新たな空き家が18軒出てきている。状況は意外と動くので、情報はコツコツと整備する。

ここに思いのある人に来てほしい

集まった空き家情報を、どうやって龍江地区の人口増に結びつけるか？

まずは数軒を選んで、龍江のホームページに掲載する。ホームページは地域づくり委員会手づくりのサイトで、龍江地区の宝物・記録・計画などの紹介のほか、日々の出来事がわかるブログやインスタにもリンクしている。黒を基調に、美しい写真が映える印象的なサイトだ。

当初は飯田市全体の空き家バンクのサイトにも載せようと思っていたが、今のところそれはやめている。載せたほうが問い合わせは圧倒的に増えるだろうが、あえてそこまで安売りしない、というのが木下さんの考えだ。

「掲載向きの空き家の数がそんなに多くないっていうのもあるけど、本音は……これも『季刊地域』22号に書いてあった通りで、来る人をちゃんと選びたいんだよね。『田舎ならどこでもいい』と条件のいい空き家を探してくる人じゃなくて、『龍江に』という思いのある人に来てほしい。そのためには、小さいホームページを見つけて、龍江ってどんなところかをいったん思い描いて、それからわざわざ問い合わせをしてくるような人のほうがいい。少しハードルを上げてるわけだ」

問い合わせが来ても、来訪をご遠慮いただいたこともある。「一人静かにひっそり田舎に住みたい」という希望で、地域に馴染む気がまったくなさそうに思えた人だったからだ。

地元の企業の寮に

実際に成約にいたるのは、ホームページ経由だけではない。口コミだったり、常日頃の情報交流だったり、きっかけはいろいろだ。

龍江には山のなかに工業団地があるのだが、そこの企業何社かと懇談会をやったとき、印刷工場の人が近くに社員寮を探していることを知った。ベトナム人の研修生たちを雇用したものの、飯田の市街地のアパートまで20分かけて毎朝夕に送迎するのが大変とのことだった。

木下さんはそのとき、ぴったりの空き家を紹介することができた。大きな家で、龍江のわりと中心地にあるので、郵便局も近いし買い物なども便利。近所の人たちには「外国人の女の子たちが来ますが、よろしくお願いします」と、地域づくり委員会で挨拶して回った。持ち主も「それなら」と改修工事もしてくれて、いま

今はベトナム人の女子寮となっている家

では6人ほどが住む女子寮になっている。

2年たって、地域ともすっかり馴染んだ。つい先日の龍江文化祭には彼女たちがベトナム春巻きをつくって参加してくれた。ボランティアで日本語教室をやってあげる地元の人もいて、文化交流も進んでいる。

新規就農者の青年が、このたび購入することになった家

新規就農者を全力サポート

最近の成功例は「関東ふるさと龍江会」の元会長の家だ。

東京で開催された「龍江会」に木下さんも出席した際、「龍江の家の維持が大変になってきた。そろそろ売りたいから、なんとかよろしく」と酒の席で元会長さんから話があったのだ。もちろん、それまでも空き家調査のリストには載っていた家なのだが、「それじゃあ」と木下さんも本気で動くことにした。

中を見に行ってみると、じつに条件のいい空き家だった。若干の農地と納屋が付いている。整備の状態もよくて、風呂も新しい。ホームページに載せた情報を見たのか、隣町で農業研修生をしていた若者がさっそく問い合わせをしてきた。独立するのに家と農地を探しているという。

地域づくり委員会は不動産業の資格は持たないので、情報提供はするが、実際の交渉や契約は当事者どうし。最終的にいくらで話がついたのか、正確なことは木下さんも知らないが、都会では考えられないような安価で若者が購入することになったらしい。

これで、貴重な人材を龍江に迎えることができる。現在、市や農業会議とも一緒に、彼が借りられる農地やビニールハウスなどを探してやっているところだ。

このほかにも、地域づくり委員会がマッチングした事例は数十件。地域おこし協力隊のために格安で借りられそうな家を確保したり、Uターン者が市の助成で「中山間振興住宅」を新築する空き地を紹介したりもした。移住者を呼び込むだけでなく、近隣地区の人が空き家を購入。新しい建物を建てて、龍江でグループホームを始めた例もある。

7～8割が「帰ってきたい」

木下さんは元銀行員。勤めの間は県内あちこち転勤もあって、地域のことはほとんど知らなかった。定年退職後は大好きな南アルプスの山々を歩いて趣味の写真を究めるつもりだったが、10年に地域活動に関わり始めてそんな夢は吹っ飛んでしまった。3000人弱の龍江地区。どうしたら振興できるか、どうしたら人口を増やすことができるか、そればかり考えて日々忙しい。

300年以上の伝統を誇る龍江の人形浄瑠璃「今田《いまだ》人形」も、都会の龍江応援団を数多く組織してくれている。人形つながりで、フランスの人形の聖地・シャルルヴィル・メジェール市と交流が始まり、天竜川沿いの八重桜の道に「シャルルヴィル・メジェール通り」の名がついた　写真提供＝木下博史

地域づくり委員会では16年度から子育て支援制度も始めた。子どもが生まれたら1世帯2万円、小学校入学で1万円。このぶんの財源は、龍江地区の全世帯に年間600円の支出をお願いして賄っている。「地区全体で人を呼び、子育て支援していこうじゃないか」という雰囲気をみんなで醸成することにもつながっている。

18年度からは商工会とタイアップして、6年生までの子ども1人につき年間1500円の地元商店限定商品券を各家庭にプレゼントしている。買い物も車に乗ってつい遠くへ行ってしまう人が多い昨今だが、地域経済ダダ漏れバケツの穴は少しでもふさぎ、地元でまわるおカネを少しでも増やすことが、人口1%増戦略に貢献するはずだからだ。

成人式で里帰りした若者にアンケートをとると、大人が思っているよりずっと多く、7~8割が「龍江に帰ってきたい」と答えてくれる。木下さんは、彼らのこの気持ちを、何とか形にしたいと思う。

空き家でなくて、空き地に新築する手もある

家族連れUターン者が住んでいる
中山間地域振興住宅

龍江への移住者は、空き家に住んでもいいが、飯田市の「中山間地域振興住宅」制度を利用して、こぎれいな家を新築するという手もある。地域づくり委員会は空き地も紹介する。

この制度、市がとりあえずおカネを出して家を建ててくれるので、入居者は最初の10年間は月額3万円ほどの安い家賃で住むことができる。10年たったら残額を精算し、割安価格で購入する。

親が「こういう制度があるから戻ってきたら?」と声をかける例が多いようで、Iターン者よりも、どちらかというとUターンの若者が家族連れで帰ってくる際に利用している。市内でも竜東の中山間地限定の制度だが、龍江では利用が多く、すでに9軒建った。地域づくり委員会では10軒目の土地も選定中だ。

9年で153件が成約 地域に寄り添う空き家バンクの秘訣

滋賀県米原市・まいばら空き家対策研究会

文＝編集部　写真＝尾崎たまき

２０１５年の空き家対策特別措置法の施行以降、各地の自治体が「空き家バンク」の取り組みに力を入れ出した。農山村での暮らしを望み、住まいを求める人も増えるなか、受け入れ側は空き家の活用や家探しの手助けをどう進めていったらいいのか。

近年、市外からの移住者を着実に増やしている滋賀県米原市を訪ね、空き家バンクの工夫について教えてもらった。

空き家バンクは仲人のようなもの

「まいばら空き家対策研究会（以後、研究会）」は、市内の空き家に関する問題解決を目的に２０１４年に設立された非営利団体だ。以来、市から事業委託を受け、空き家バンクの運営や移住相談の窓口業務などを行なっている。

設立から現在までに、バンクに登録された空き家の数は２７０軒以上。そこから購入や賃貸につながった成約件数は約１５０件、県内の市町でトップクラスの成約状況となっている。市外からの移住者は２００人を超え、まさに空き家を活かして人を増やしてきた。今もバンクには移住希望の登録者が２３０人以上いて、空き家物件の情報を待っている。問い合わせも年に１０００件程度あるという。

研究会メンバーは現在６人。空き家バンクの取り組みとは「空き家と、空き家を探している人との素敵な出会いをつくる」仕事であり、自分たちはいわば「仲人みたいなもの」と語り、自らの活動にはなんともロマンチックな名前をつけている。

その名も「恋する空き家プロジェクト」――。

心ときめく空き家情報を発信する

研究会の事務所は、ＪＲ近江長岡駅から徒歩10分ほどの場所にある。やはり以前は空き家だった民家だ。研究会の

米原市は伊吹、山東、近江、米原の４エリアがあり、約3万8000人が暮らす

まいばら空き家対策研究会のメンバー。空き家を利用した事務所は内装をDIY改修した

丸本光雄さんは言う。「このすぐ近くに市役所の支所があって、当初はその一部屋を事務所にする予定だったんです。ただ、それだとやっぱり移住希望者は役所に相談していると感じちゃうでしょ」。

あくまで同じむらに暮らす仲間であり、そのための「仲人」という立場でありたい。事務所選びにもそんな研究会の思いが表われている。

一度、インターネットで「恋する空き家　米原市」と検索してほしい。研究会が運営するサイトがヒットして、米原市の空き家情報をはじめ、市内の空き家と移住に関する様々な情報が見られるはずだ。そこに掲載されている空き家一覧には「恋人募集中」と書かれた空き家もあれば、「良縁整いました」と書かれた空き家もある。ユニークな表現があふれるこのサイトも、研究会のコンセプトを形にしたものといえ、見ているだけで楽しい気持ちになってくる。

もし、サイトを見て興味をもった移住希望者から問い合わせがあれば、来所を原則としたバンク登録を案内。来所の際に家族構成や希望する住まいの条件といった具体的な内容を確認し、要望に合いそうな物件を紹介する流れになっている。

自治会との事前面談は必ず行なう

案内した物件から気になるものが見つかれば、家の様子を確認する内見へと進む。なお、事前に耐震強化や空き家のリフォームに使える補助金の情報を伝えたり、希望によ

恋する空き家
プロジェクトのサイト

バンクに登録されている空き家一覧が見られる「空き家情報」コーナー。物件ごとの情報も各部屋の写真付きで充実

り市内の工務店も紹介している。

人柄などをつかむため、内見の前には移住希望者とは必ず面談を行なっている。また、いよいよ移住者が物件を取得したいと決めた場合は、自治会との面談もセッティングする。そこでは自治会からどんな活動をしているか、ここで暮らすうえでどんなことが求められるかが説明され、自治会加入を移住の条件としているそうだ。

この自治会面談は移住希望者からは「採用面接みたいで緊張した」ともいわれるが、一方で、自分のことを理解してもらったり、事前に自治会活動を知るいい機会になったりしたともいわれている。その甲斐あって、これまでに数多くの移住者があったにもかかわらず、移住後の大きなトラブルは起きていない。

地域をよくしたいという思いのもと、自治会とも連携しながら、空き家と人を丁寧につなぐ。そのマッチングの努力こそ、高い成約率を達成してきた要因となっている。

なお、賃貸や売買などの最終的な契約については、所有者と移住希望者で進めてもらう。

関係人口に注目して移住を促進

米原市では行政も空き家解消に積極的だ。「シティセールス課」が、空き家対策や移住

ハヤシさんファミリー
ご夫婦とお子さん２人。カズヒロさんはガラス工芸家で、米原市が募集した"水源の里まいばら民藝創生みらいつくり隊員"として、平成28年4月から活動しています。移住してきて一年が経ち、家族仲良くのびのび暮らしています！
春めいた庭先にピンっときた！ここや！！
ハヤシさんファミリーが、このお家に出会ったのは、ちょうど1年ほど前。ポカポカ暖かな日差しが嬉しい、庭木の芽吹き、庭のあちらこちらに春の訪れを感じる季節だった。米原市内の空き家を数軒みて回った後、最後に訪れたのが、この家だった。実際に訪れてピンっときた、ココや！と思ったそう。奥さんは、土間にオクドさんが残っていて、春めいた数々の庭木にビビッときた。梅、びわ、みかん、サクランボ、実のなる樹木があちらこちらに植えられていた。

「空き家に恋した人たち」コーナー。空き家を取得した移住者エピソードを紹介。家の探し方や選び方、移住後の暮らしぶりなど移住の検討に役立つ

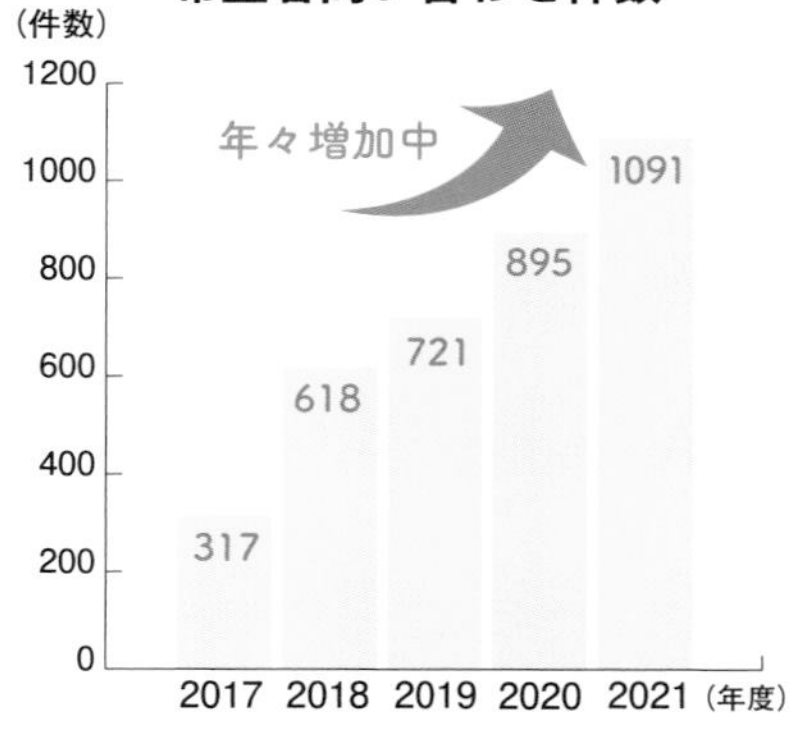
希望者問い合わせ件数
(件数)
1200
1000
800
600
400
200
0
年々増加中
317
618
721
895
1091
2017
2018
2019
2020
2021
(年度)

米原市の空き家バンク登録および利用希望状況

年度	2014	2015	2016	2017	2018	2019	2020	2021	2022	累計
空き家の登録数	24	25	29	22	29	30	50	39	25	273
移住希望者の登録数	26	64	55	50	59	84	85	104	100	627
成約件数	3	16	16	9	11	29	19	26	24	153

＊2023年3月31日現在

促進を担当している。

同課の関沢匡司さんによると、空き家対策が始まったのは08年、市が「水源の里まいばら元気みらい条例」を制定したことがきっかけだった。条例には、当時、過疎高齢化が進む山間地域の空き家解消が課題として盛り込まれていた。米原市は琵琶湖の貴重な水源を担っていることから、その水を利用する大阪や京都、兵庫などから観光を通じた関係人口を増やし、移住促進につなげようという動きが始まったという。その後、市内全域の空き家へと対象を広げながら、現在の「恋する空き家プロジェクト」へとつながっていく。

関沢さんはさらに、「空き家対策では予防こそが何より重要になっています」と今後の課題についても語ってくれた。現在、バンクに登録されている空き家は約70軒で、移住希望者に対して物件の不足状態が続いている。「空き家は放置されて2年、3年と時間が経てば経つほど成約につながる可能性が下がってしまうのです」。

空き家の行く末は「予防」で決まる

目下、市では研究会と連携しながら、「予防」につながるいくつかの取り組みを進めている。

まず一つめは、空き家バンクサポーター制度だ。これは空き家が活用できる間に空き家バンク登録に向けて空き家の所有者に働きかけをしていくもので、サポーターは、情報提供した空き家がバンクに登録されれば2000円、その後、成約にいたれば5000円の報酬を得られる。さら

研究会のマッチングで空き家を購入し、移住した山城真理さん。外壁の塗り直しや耐震強化の改修費用の一部は市の補助金を活用した

山城さんは食器づくりの講師でもあり、リビングは教室代わりにも使う。内装はDIY

にそのサポーターが所属する自治会にも、登録時と成約時に1万円の交付金が支払われるしくみだ。現在、市内には１０８の自治会があるが、20以上の自治会にサポーターがいる。

二つめは市で作成・配布しているエンディングノートでの情報発信だ。エンディングノートに研究会の紹介などを掲載することで、終活のタイミングで持ち家の行く末について考えてもらうよう勧めている。

また、予防を進めるためには、空き家の実態把握も重要だという。空き家情報は自治会をはじめ、様々なルートから収集している物件の情報だけでは、実態がつかみきれない。そこで20年に地図会社のゼンリンに実態調査を委託。その結果、それまで８００軒ほどと思われていた市内の空き家が、実際は約１１００軒もあることがわかったそうだ。

「再生」で空き家を徹底活用

マッチングと予防に加え、研究会では、長期間の放置で傷みがひどいなど成約につながりにくい条件の空き家の再生にも挑戦し始めている。

22年から、「空家再生みらいつくり隊」の石崎達郎さんと浅井茅子さんが新たに研究会のメンバーとなった。２人とも総務省の地域おこし協力隊制度を利用して市が採用。研究会の業務に関わりつつ、空き家を利用した生業づくりがミッションだ。石崎さんは、自分の住まいとは別にもう１軒空き家を購入。ＤＩＹで改修を進め、短期間の移住希望が可能なお試し住宅の運営を目指している。浅井さんも古民家を利用した子どもの居場所づくりを計画中だ。

その他、全国各地で古民家の修繕や活用を進めている古民家再生協会と提携し、空き家の再生を体験できるワークショップなども始まっている。

空家再生みらいつくり隊の石崎達郎さんと購入した空き家。これからお試し住宅への再生に挑む

空家再生みらいつくり隊の浅井茅子さん

出ていく若者を減らすにも空き家

愛媛県西予市・川津南やっちみる会
安田 司（川津南やっちみる会事務局）

「限界集落から元快衆楽に」を合言葉に２０１０年、川津南やっちみる会が設立されました。地区全戸が参加する地域づくり組織です。

　川津南地区は、愛知県西予市の中心部から約42㎞のところにあり、標高は２７０ｍほど。五つの集落からなり、人口は２００人余り、高齢化率は47％で限界集落の一歩手前です。

　ちなみに「やっちみる」とは「やってみる、がんばる」という意味の方言です。

若い家族の住む家がない

　やっちみる会の「元快衆楽づくり」では、まず5年間の具体的な活動計画と10年後の集落のあり方をまとめる「集落づくり計画策定事業」に取り組み、その計画に基づいて活動しています。

2012年11月に空き家に入居した利用者第1号の宮内さん一家

川津南やっちみる会のシンボルキャラクター

　様々な活動があるなかで、住民アンケートでも「人口減少対策としてＩ・Ｕターン者を募るべき」といった意見が多かったことから目下、空き家利用による移住定住対策に力を入れています。

　周辺部の川津南地区にはアパートもマンションも公営住宅も、不動産屋すらありません。移住者が住む家がないのはもちろん、せっかく地元に残った若者も、結婚や出産を機に利便性のいい地区に引っ越していきました。

　そこで会では、地区外に出て行った人や田舎暮らしがしたいと移住してくる人たちへ住居を準備すること、集落に残る若者たちに住む場所を提供することの二つを目的として、独自の空き家利活用事業をスタートさせたのです。

「空き家台帳」を整備

11年には、空き家調査と台帳の整備を行なう「空き家有効活用プロジェクトチーム」（以下、チーム）を立ち上げました。やっちみる会では、その事業ごとに得意な人、やる気のある人を集めたチームをつくり活動します。

空き家調査は、チームが各集落の常会（月1回、各戸の代表が集う会）で空き家利活用について説明し、協力してもらえる家の情報提供を依頼。近所に住んでいる親戚などを通じて所有者の意向を確認してもらいました。

参加率80％以上を誇る避難訓練。この後は納涼祭へ。地区外の住民や地元出身者も参加して毎年400人ほどが集う

すると意外にも、貸し出し可能な空き家はたった5軒でした。会では、地区内の空き家を30軒程度把握しており、老朽化が著しい物件を除いて10～15軒は利用可能とみていましたが、「老朽化しているから」「荷物等があるので」「たまに帰ってくる」「将来帰ってくる」などの理由で、思ったほどの数にいたらなかったのです。

所有者から承諾を得た家は、チーム員が現地調査に行き、写真撮影。外部・内部で補修が必要な箇所を確認し、貸し出し可能かどうか判断して、間取りや要補修箇所をまとめ「空き家台帳」に整備しています。

空き家所有者で将来帰ってくると答えてくれた人には、毎年7月に開催する「川津南避難訓練＆納涼祭」を必ず案内し、実際に参加していただいています。

初の空き家利用は地元の若者

肝心の空き家の利用状況ですが、12年当初は、「移住希望者からの問い合わせが殺到するかも」「これで人口減少に歯止めが掛かるはず」と期待していましたが、数カ月間はなんの問い合わせもなく、チームの活動も頓挫しかけていました。

ところがある日、地元の若い奥様から「空き家を探してるんですけど、ないですか？　旦那が川津南から出たくないって言うんです」と相談があり、正直びっくりしました。聞けば、結婚後に旦那の実家に同居していたが、子どもが2人生まれ手狭となったので家を探しており、中心部の市営住宅に引っ越すことも考えていたとのこと。貴重な若者に地区外に出られては困る。なんとしても転出は避けなくてはいけません。

チームではさっそく所有者が市内にいる1軒の古民家を紹介することにしました。この家は茅葺き屋根をトタン葺きに改修してあったほか、内部もリフォームずみ、すぐに家賃数千円で入居する話がまとまりました。記念すべき空き家利用者第1号です。

その後も、北海道在住の地元出身者からも問い合わせがあり、田畑と山付きの空き家を紹介。無事に購入されたと聞いております。

若者が残り小学生も倍増

現在、川津南地区の20～40代の男性は20人、うち14人が既婚者です。世帯が増えればそれだけ家も必要になりますが、空き家事業を始める前は田舎の家には必ずある小屋を利用していました。

私の家もそうですが、後継者のいる家の多くは、地元で「だや」と呼ばれる元の牛小屋を親が改修して自分たちが入居。子どもたち家族に母屋を譲るのです。親はそこまでしても後継者を残したいんでしょうね。こうして若者を地元に残している家が4、5軒はあるので馬鹿にできません。

おかげでこの十数年の間に、川津南地区では30人の子どもが生まれました。07年に13人だった小学生が、14年には26人と倍増。地区全体の人口は大きく減っているのに、子どもは増えています。

地域で空き家を管理する取り組み

地域住民による空き家管理法人の運営のしくみ

長谷川 徹（富山県砺波市・（一社）やなぜ空き家ねっと代表理事）
写真＝編集部

やなぜ空き家ねっとのメンバー。現在16人で活動中。左から沢村健治さん、筆者（59歳・県土木職員）、葭田克さん、平田和己さん

相談窓口の情報とともに「広報やなぜ」「やなぜ空き家ねっと通信」、新聞記事のコピーなどを空き家の所有者に送る

私たちが活動する砺波《となみ》市柳瀬《やなせ》地区は、230軒余りの旧柳瀬村と、400軒余りの新興住宅地から成ります。旧柳瀬村には、「とりあえず現状のまま」と問題を先送りする空き家の所有者が多く、対策困難な家屋が増える傾向にありました。

地区の秋季祭礼でお獅子《しし》をまわす家も減り、祭り好きの私は獅子舞存続の危機を感じていました。

空き家を減らすため法人化

2016年には旧柳瀬村の空き家数は30軒を超えました。この状況に危機感を持った当時の柳瀬地区自治振興会会長・武波勇二さんは、振興会内に「空き家を考える会」を立ち上げます。当時、砺波市の空き家コーディネーターを務めてい

た私もこの活動に参加することになりました。

まずは空き家の現状把握と、離れたところに住む所有者・管理者と連絡し合える関係をつくろうと考えました。相談窓口の連絡先を伝えるとともに、地区広報と我々の活動の報告を年3回郵送したところ、回を重ねるごとに所有者からの相談事が増えていきます。しかし、手応えを感じた一方で限界も見えてきました。

それは、考える会のメンバーは輪番制で、ほとんどが2年で入れ替わるために事業の継続が難しいということです。他にも会計の透明性や信頼性の確保が課題でした。

空き家バンクに
出すまでがいろいろ
あるからねー
年１回は
所有者に連絡して
意向をうかがって
います

柳瀬地区自治振興会会長の武波勇二さん（左、78歳）と筆者

対応策について時間をかけて話し合った結果、考える会を発展的に解散し、地区のやる気のある人を募って法人化に踏み切ることにしました。こうして20年4月にメンバー12人で設立したのが「一般社団法人やなぜ空き家ねっと」です。その後の活動により、空き家数は現在18軒にまで減少しました。

「稼ぐ力」をつける

法人経営に関して掲げた方針は、以下の3点です。

1番目は、補助金に頼らず「稼ぐ力」を醸成すること。補助金頼みでは活動の自由度が奪われ、新しい発想が出にくく、自立の精神が育たないと考えました。やなぜ空き家ねっとでは、草刈りや庭木の剪定をメインに、地区の空き家に関することは何でも請け負って事業収入を確保しようと努力しています。もちろん、これらの作業実務をこなしたメンバーには、その対価を支払います。

また22年、築65年の荒廃した空き家をメンバーの献身的なＤＩＹによって地域住民の交流スペース「ホワイト スクエアやなぜ」に蘇らせました。その運営・企画・管理を我々・空き家ねっとが引き受け、貸しスペースとして利用料を得ることで安定的な収入確保につなげています。22年度の収支概算は次頁の表の通りで、活動に賛同してくれる人も随時募って寄付による支援をいただいています。

やなぜ空き家ねっと設立当初の年間収入は20万円ほどで、これは賛同者の支援によるところが大きかったのですが、草刈り・剪定の受託を得て22年度は50万円ほどに増えました。現在は3軒の草刈りを請け負っています。

草刈りで家主の信頼を得る

2番目は、今ある空き家の流通・活用の推進と、空き家の発生を抑制すること。空き家の所有者には、意向調査を年1回実施し、売買や賃貸について相談しながら「空き家バンク」への登録を促します。

空き家発生の抑制については、空き家予備軍と考えられる一人暮らしの高齢者に対して、家庭で話し合っておくことの大切さを伝えたり、「家の終活《しゅうかつ》」について気軽に相談に乗れる関係性を築くことに努めています。

そのため、高齢者宅の庭の草刈り・剪定にできるだけ安価で対応することも関係性づくりの一つ。空き家の流通・活用につながると考えています。

若い人の柳瀬愛を育む活動も

3番目は、地域の活力維持に焦点を置くこと。人口減、空き家増で地区の活力が失われることは避けたい。そのために一番大切なのは、進学・就職などで地区外に転居する若い人たちをはじめ、柳瀬と縁のある人に「柳瀬は素敵なところだ」と認識してもらうことだと思います。

これまではコロナ禍でかなわなかったことですが、23年度は地区の子どもたちにも声をかけて多世代交流をいろんな形で仕掛けるつもりです。その拠点となるのはホワイト スクエア やなぜで、第1弾は中学生による高齢者向けスマホ教室を開催します。中学・高校を卒業して将来を決める段階や、都会へ出てから将来を考える段階で、柳瀬を思い出す、あるいは住む場所としての優先度を上げる素地を、長いスパンでつくっていきたいと考えています。

空き家を改修した「ホワイト スクエア やなぜ」。スポーツ少年団の慰労会、生け花グループや詩吟の会の活動、会社員のリモートワーク、大学生のバーベキューなどに使われた。メンバーは常駐しておらず利用料は料金箱に入れてもらう

庭の草刈りの作業受託をきっかけに、家主との関係性を築く

やなぜ空き家ねっとの収支

（2022年度の概算）

収入

- 草刈り・剪定 …… 15万円
  草刈りは年6回ほど。料金は庭の広さによって1回1万～2万円。剪定は1回2万円
- 貸しスペース利用料 …… 10万円
  10畳の部屋で半日2000円ほど
- 家の所有者からの運営費支援 …… 10万円
  賃貸料の1割相当分の寄付
- 不動産屋等からの運営費支援 …… 10万円
  売買手数料の一部の寄付
- 講演料 …… 5万円

支出

- 草刈り・剪定の作業賃 …… 6万円
  1人当たり1時間1000円＋燃料代。搬出に軽トラを使った際は1回当たり1500円を加算
- 保険料 …… 5万円
- 事務費 …… 15万円
  通信の印刷費・発送費など
- 貸しスペースの固定費 …… 10万円
  光熱費、インターネット通信費など
- 法人住民税 …… 8万円

空き家活用で地域運営組織の財源確保

宮城県栗原市花山地区・（一社）はなやまネットワーク

文＝編集部

空き家片付け隊の有志の面々

地区の課題を解決するＲＭＯ

宮城県北の山間、９００人弱が暮らす花山地区で２０１８年に設立されたのが、（一社）はなやまネットワーク。地区の様々な課題を解決する事業に取り組む地域運営組織（ＲＭＯ）だ。

その始まりは、14年に結成した花山地区「小さな拠点」づくり推進協議会。行政区長会を核に、地区内の主要な団体が連携した任意団体で、国交省の「小さな拠点」施策のモデル地区に手を挙げた。

協議会では、足がない、買い物に行けない、空き家の増加、集いの場不足が課題と見定め、デマンド交通や協議会で購入した車を使った移動販売、オレンジカフェ「どんぐり」というサロンも始めた。

事業の幅を広げるには財源が必要になる。任意団体では事業の入札ができないことから、協議会を法人化する形ではなやまネットワークが発足した。現在、年間収入は、交流センターの指定管理料５４０万円やデマンド交通の業務受託料５２０万円などを含め、２２００万円ほどになる。

売る前に貸し家に

はなやまネットワークでは、移住者の住まいを増やす目的で、有志が空き家を片付ける「空き家片付け隊」の活動も協議会時代から続けてきた。これまでに13軒の片付けを終えたところだ。有志10人ほどが参加し、参加者へは時給１０００円の作業賃を支払うほか、昼食代も支給する。不要な家財の処分費は家主が負担する。

家主の多くは、関東圏など遠方に住んでおり、家を売却したいと考えている人が多い。でも移住者はまず賃貸で借りたい人もいる。そういう事情をはなやまネットワークが家主に話し、２年間で借り手がつかなかったら売りに出すように交渉する。その甲斐もあり、６世帯が移住した。

また、改修した空き家１軒で簡易宿泊所の営業許可を取り、23年６月から「民宿あずきばた」も始めた。１棟貸しで１泊２万５０００円、最大９人まで宿泊できる。主なターゲットは、花山湖へワカサギを釣りに来る釣り人だ。

事務局長の佐々木徳吉さん（68歳）は、「ねらいは自主財源の確保です。だからあずきばたは軌道に乗せないとね」と語る。

空き家の片付け手伝います

山内てごぉし隊 出動！

文＝**寺西玉実**（広島県庄原市・山内自治振興区地域マネージャー）
写真＝大村嘉正

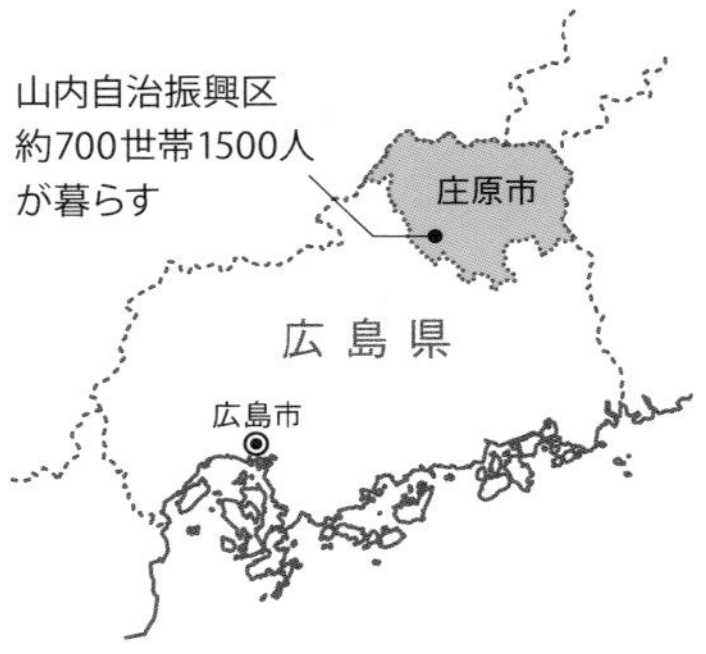

「今日の掃除は世界一、楽しかった〜」「また掃除したい！」「どうやったら、てごぉし隊に入れるんですか？」

小学校の総合学習の一環で空き家掃除をした日、小学生たちは鼻をふくらませ、目を輝かせてこう話してくれました。この言葉がてごぉし隊の原動力です。

片付けを「てご」する

中国山地の真ん中にある庄原市山内《やまのうち》自治振興区は、人口約１５００人の小さな町です。住民の半数は65歳以上で、児童数が減った山内小学校は統合のピンチでした。そこで山内では、定住対策に力を入れることを決めて、２０１９年5月に藤田典久こと「藤田のじいちゃん」と、寺西玉実こと「玉ねぇちゃん」（おばちゃんですが 笑）が地域マネージャー*に就任しました。

移住者を呼び込むには住まいの確保が大事。まずは空き家の現状把握、家主さんへのアンケート作成、自治会長さんへの協力依頼、先進地に視察にも行きました。ところが8カ月後にはコロナの感染拡大。思うように活動できないなかで、空き家の賃貸や売買を許可くださる方は

＊地域マネージャーとは「集落支援員」のこと。総務省の支援で市町村から人件費が交付される。
庄原市では1自治振興区当たりの限度額は420万円。約30人の地域マネージャーがいる。

片付ける空き家の縁側で「やるぞー」。オレンジ色のカッパを着ているのが筆者

次々見つかるものの、家主さんから様々な声が聞こえてきました。

「歳をとって、重たいもんはよう動かせん」「家周りの草を刈りに行けなくなった」「片付けには金がいる」……。全国で放置空き家がどんどん増える所以です。

でも、空き家となっている木造家屋は「まだ生き抜ける」と言っているように思えるし、移住希望者も自然のなかで子育てをしたい、老後を過ごしたいと言われます。

よっしゃ、どうにかせにゃあいけん。鼻息荒く、私たちは20年12月に「山内てごぉし隊」を立ち上げました。「てご」は手伝うという意味の方言です。家財道具の片付けや空き家の管理に苦労されている家主さんと、移住してこられた方々の手助けを始めました。

最初は近所にある県立広島大学の学生さんが応援に来てくれ、次第に地域の人々の輪が広がり、老いも若きも集まりました。「てご」するメンバーは、総勢１５０人。その大半は山内在住で、「てご」された移住者の方々もメンバーに加わり、いい流れができています。

竹箕はこまごましたものを
一度に運ぶのに便利

食器類を運び出す。不要品は
リサイクルマーケットで売れる

思い出話も大事

空き家を片付ける前に、必要物品だけは家主さんやその親戚に引き取ってもらうようにお願いします。それがすめば、てごぉし隊の出番。片付けをこなすうちに様々な知恵が生まれてきました。

・仕分け区分を書いた紙を部屋や軒先に貼り、その場所を参加者と確認。重い家具などは、縁側に面した部屋など車に積みやすい位置に集める。
・見られて困るもの以外は透明な袋を採用。中が見えない袋だと分別が雑になる。
・個人情報が書いてある書類や手紙、金銭類は専用の段ボール箱を決める。
・片付けた空き家の状況は他言無用。
・家主さんが、地元住民による片付けを恥ずかしいと思われる場合は、大学生さんに依頼する。

片付けをしていると、思い出話に花が咲いて作業がストップすることもありますが、そういう時間も大切だと思っています。昔の道具をおもしろがる子どもや移住者さんに、あれこれ教えてあげようと饒舌になるじいちゃんも多く、会話も弾みます。「回想法」ともいうらしいのですが、昔の経験や思い出を誰かに話すと楽しい気持ちになって心が満たされます。これがまた地域の元気の源になるんです。

不要な家財で リサイクルマーケット

家財をごみとして焼却場やリサイクルセンターに運ぶのは簡単ですが、資源に変えるのが要です。まだ使える物品は自治振興区の倉庫に運んで一時保管し、以下のように利用していきます。

・移住者宅や若い世帯に提供する。
・「やまの家《うち》」という、空き家を活用して昔の暮らしが体験できるようにした施設で再利用する。
・「オカネイラズ」を利用。不要品をあげたりもらったりするフェイスブック上のグループで全国数十カ所にある。広島北部エリアの欲しい人に取りに来てもらう。
・山内リサイクルマーケットを年2回ほど開催。売り上げは小学校や保育所に寄付する。

たとえば、じいちゃんたちは、果物の

重い家具などは運び出しやすい位置に集める

現在12軒の移住者募集中！

所有者に譲渡の意向がある山内の空き家は現在12軒。すでにきれいになっている物件と住むには改修が必要な物件がある。後者は大工の経験やDIYで直す意欲がある人に見てもらうようにしている。

まだまだ若いもんには負けんよ！

母屋隣の牛小屋も片付けた

捕った魚を入れておく鮎缶を発見

こんなん見つけた！宝物がいっぱい

小学生も大活躍。大人も驚くヒモさばき

絵柄がついたガラス食器や昔の薬箱をごみだときっぱり言いましたが、若いお母ちゃんたちは「絶対売れる」。迎えたリサイクルマーケット当日、即売れて驚くじいちゃんたち。ある時は、高値を付けた木の根の置き物が売れて、ドヤ顔のじいちゃんたち。見ていてほのぼのとします。

4年で19世帯62人増えた

コロナ禍の4年間でしたが、てごぉし隊の出動は67回、のべ364人が「てご」しました。この間の空き家の譲渡は31軒、うち19軒に明かりが灯りました。大人32人・子ども30人の人口増です。

2023年は山内小学校が統合される予定でしたが、市内一律に保護者の意見を尊重する気運となったこともあり、統合は避けられました。存続の話が聞こえ始め、Uターンしてこられた子ども連れの家族もいます。6年前に59人だった児童数は、現在62人。複式学級も解消されました。

空き家の取得・改修・解体に使える補助金

まとめ＝編集部　イラスト＝河本徹朗

空き家に使える補助金は、主に①空き家の取得、②空き家の改修、③空き家の解体・撤去の三つがある。自治体ごとに要件や支援額が異なるので、まずは便利な検索サイトで調べてみよう。

空き家情報に関するおすすめのサイト

全国空き家対策推進協議会
「地方公共団体による空き家対策支援制度」
https://www.sumaimachi-center-rengoukai.or.jp/shienseido/
各自治体の補助金情報を検索できる。

クラッソーネ
「空家活用の匠」
http://akiya-takumi.com/subsidy/
補助金一覧のほか、空き家の解体費用のシミュレーションもできる。

国土交通省
「空き家・空き地バンク総合情報ページ」
https://www.mlit.go.jp/totikensangyo/const/sosei_const_tk3_000131.html
各地の空き家バンクを簡単に検索できるので、物件を探すのにピッタリ！

取得に使える補助金

新しく空き家に入居する人に対し、購入費の一部を支援する自治体もある。

▼過疎地域への若者の定住を促進

長野県伊那市「空き家取得補助金」

45歳以下、または中学生以下の子どもを持つ人が、指定対象地域（高遠町・長谷区域）の空き家の取得または増改築を行なった際、上限150万円を補助する。自治会に加入し、地域活動に参加することが条件となる。

▼要件を満たすごとに補助金がアップ

福島県会津美里町「住宅取得支援事業補助金」

移住者を対象に空き家の取得費の一部を助成。3年以上の居住を条件に、最大70万円まで受け取れる。なお、40歳未満であれば10万円、世帯内に町内の事業所で働いている人がいれば10万円、町内の建築事業者が施工した住宅の場合は10万円がそれぞれ加算される。

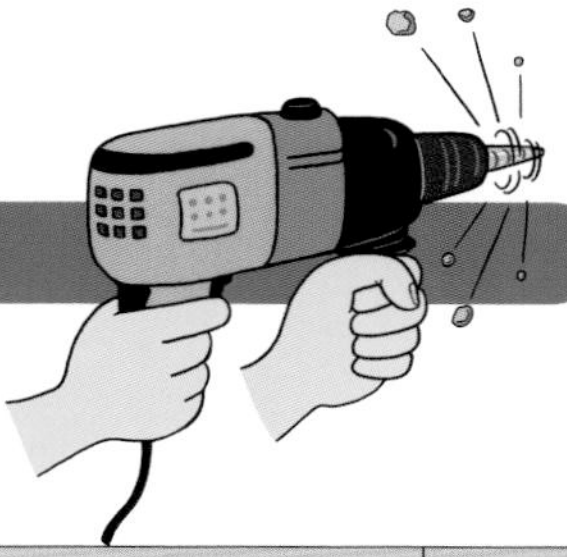

改修に使える補助金

空き家のリフォーム費用の相場は、一般的に200万～500万円程度といわれる。各自治体の補助金は、費用の一定額を補助するものが多い。

	市町村名	支援事業名	概要	開始年
北海道	浦河町	空き家リフォーム補助金	空き家をリフォームして「うらかわ生活体験住宅」として活用する場合、工事代金について補助を行なう。経費の3分の2、上限200万円。	2013
岩手県	岩泉町	住宅リフォーム補助金	上限30万円。そのうえで、空き家バンク登録物件の契約者・移住者、子育て世帯等の一定の要件を満たす場合は最大20万円が加算される。	2022
静岡県	富士市	空き家リフォーム支援補助金	富士市空き家バンクに登録されている物件で、所有者、利用者が対象。水回りを含めた改修工事費の2分の1で上限80万円まで支援する。自ら行なうDIYの場合は、材料費のみ補助対象。	2013
静岡県	川根本町	空き家改修事業費補助金	空き家バンクに登録された物件を購入または賃借した人に補助。補助率2分の1、補助限度額50万円（18歳未満の扶養親族を有する場合は、限度額100万円）。	2012
愛知県	東栄町	空き家活用支援補助金	空き家の所有者または入居者が空き家の改修や家財の片付け等をする費用の2分の1を補助。ただし上限50万円まで。補助対象経費のすべてを町内事業者に委託する場合、中学生以下の子どもがいる場合、町内企業に就職する場合、空き家の土地・家屋を購入した場合、それぞれ5万円の加算措置がある。	2016
高知県	香美市	空き家改修補助金	空き家の所有者、10年以上居住見込みのある移住者、空き家を借りて定住促進を図る地域自主組織が対象。耐震工事や水回りの設備改善、床の張り替えなどの経費に対し、最大180万円まで支援。また、家財道具の運搬処分の経費に対しても上限50万円の助成がある。	2015
広島県	江田島市	DIY用具・材料購入補助事業	空き家の所有者等が、自分でその空き家を改修（DIY）する際に市内の業者から購入する工具や材料費の一部を補助する。補助率2分の1で上限5万円。	2018
島根県	川本町	空き家改修助成	定住希望者へ空き家を賃貸するために、所有者が改修を行なう場合に、改修経費の2分の1（上限350万円）を支援。改修後は定住促進住宅として川本町と10年間の協定締結が必要。	2015

全国空き家対策推進協議会「地方公共団体による空き家対策支援制度」のサイトから、一部抜粋した

▼DIYリフォームに必要な知識と経験を持つ人材を育成

山口県下関市「空き家DIYリフォーム人材育成補助金」

DIY改修に関するワークショップや相談会を実施している団体を対象に、ワークショップの実施に必要な講師料や保険、原材料費などを支援（初年度は上限40万円、2年目以降20万円）。空き家の利活用の促進を図る。

▼水回りの改修も支援

和歌山県高野町「水回り改修補助金」

移住者が町内の空き家に入居する際、水回り（台所、トイレ、風呂等の給水および下水道への接続）の改修費用を町が一部支援する。家主、移住者のどちらからでも申請可能で、1件当たり最大100万円。工事は町内の指定事業者に限る。

解体に使える補助金

「老朽危険家屋解体撤去補助金」「老朽危険空き家解体補助金」「空き家解体補助金」「空き家解体助成金」「空き家解体費助成制度」など、呼び名は自治体によって様々だが、おおよそ解体費用の5分の1から2分の1程度、支給されることが多いようだ。なかには、家財道具の処分費用を支援しているところもある。

	市町村名	支援事業名	概要	開始年
北海道	池田町	老朽建物解体促進奨励事業	老朽建物の所有者が行なう解体に対して補助するもの。補助率3分の1、補助限度額30万円。	2013
秋田県	井川町	空き家等除却費補助金	空き家の所有者等が行なう「特定空き家」の除去。補助率2分の1、上限50万円を支援する。	2018
山形県	飯豊町	飯豊町老朽危険空き家等解体支援事業補助金	空き家所有者等が行なう老朽危険空き家の解体撤去工事に対して町が補助するもの。補助率2分の1、上限40万円。町内の業者に工事を依頼した場合は10万円を加算。	2013
群馬県	上野村	上野村空家等対策補助金	村内所在の空き家の所有者が実施する空き家解体を補助。対象は母屋と付随する工作物の解体にかかる費用で、村が指定する事業者による解体事業であること。補助率2分の1、補助限度額100万円。	2019
長野県	小川村	危険廃屋解体撤去補助金	村内の景観および住環境の向上並びに村民の安心安全の確保を図るため、村内の危険廃屋の解体および撤去に係る経費の一部を補助する（自主施工の場合は延床面積900円/㎡を乗じた額）。	2014
石川県	能登町	能登町空き家等解体事業補助金	空き家等対策審議会において、解体および撤去に補助金の付与が適当と判断された老朽で危険な空き家等が対象。補助対象経費の2分の1（上限　木造：50万円、木造以外：70万円）。	2013
和歌山県	北山村	老朽危険空き家解体事業	所有者が行なう空き家等の除却に対する補助。補助率2分の1、限度額50万円。	2018
愛媛県	上島町	上島町廃屋解体撤去補助制度	特定空き家の除去に限り、補助率10分の8、上限160万円を補助する。	2013
鳥取県	日南町	日南町老朽危険家屋等解体撤去補助金	空き家の所有者等が行なう空き家の除却に補助。補助率5分の1、補助金限度額30万円。	2013

全国空き家対策推進協議会「地方公共団体による空き家対策支援制度」のサイトから、一部抜粋した

▼市街化調整区域での空き家撤去を促進

埼玉県久喜市など

建物の建設に制限がある市街化調整区域では、空き家撤去後の住宅建設が難しい。そこで、空き家撤去後の固定資産税減免に加えて、老朽空き家を撤去した場合に限り、建設制限を最大3年間緩和する。

▼空き家撤去後の固定資産税を減免

新潟県見附市、富山県立山町、福岡県豊前市、鳥取県日南町など

空き家の撤去により、固定資産税の軽減特例が解除される土地について、税額上昇分を減免（2年間あるいは10年間）。持ち主の負担を軽減することで、撤去数の増加につながっている。

初出一覧

ニッポンの空き家事情 ………………………… 書き下ろし
10年で200人の移住者がやってきた町の空き家活用のしくみ ………………………………… 『季刊地域』54号

PART1　田舎の空き家に暮らす

●移住者のお宅紹介

身近な師匠に感動しながらリフォーム中 ……………………………………… 『季刊地域』54号
農地と山付き 築100年の古民家を購入 ……………………………………… 『季刊地域』54号
火のある暮らしを楽しめる宿を開業　『季刊地域』54号
集落の百姓とつくったたたき土間がお気に入り ……………………………………… 『季刊地域』54号
孫ターン就農 空き家を農家民宿＆カフェに改修 ……………………………………… 『季刊地域』54号

●空き家の探し方

実録! 田舎の家の探し方 …………… 『季刊地域』54号
空き家にまつわる苦労話とアドバイス ……………………………………… 『季刊地域』22号
Q＆A 空き家についてもう少し知りたいこと ……………………………………… 『季刊地域』22号
「空き家に移住!」の流れとポイント … 『季刊地域』54号
子どものための空き家活用 ………… 『季刊地域』54号

PART2　古い家を快適にするプチ改修術

プチ改修で住める空き家のチェックポイント ……………………………………… 『季刊地域』22号

●DIYで床張り、壁断熱

自分で床張り 32畳を17万円でやりました! ……………………………………… 『季刊地域』22号
壁と窓の断熱改修であったかプレハブ暮らし ………………………………………………… 書き下ろし
大工・左官職人に教わる DIYリフォーム講座 ……………………………………… 『季刊地域』33号
柔らかくて充填しやすい断熱材 …… 『季刊地域』54号
地域真壁工法 ………………………… 『季刊地域』54号
古民家に学ぶ 自然素材の断熱 …… 『季刊地域』22号

●自然の力で快適な住まい

土壁、たたき土間、ニイミトレンチで土を活かす ……………………………………… 『季刊地域』54号
土壁の弱点を補う 土壁充填断熱とは ……………………………………… 『季刊地域』54号
古民家エクセルギーハウスで地域の自然と対話する ……………………………………… 『季刊地域』54号
自然の力を借りる有機農業的家づくり ………………… 『現代農業』2011年11月号、12月号
夏、快適なエクセルギーハウスのしくみ ………………………………『現代農業』2012年9月号

●薪ストーブをパワーアップ

温水薪ストーブ ……………………… 『季刊地域』52号
憧れの二重断熱煙突を自作するワザ ……………………………………… 『季刊地域』28号
長く空き家にしていた実家 薪ストーブ設置で満足のUターン …………………………… 『季刊地域』22号

PART3　空き家マッチングの取り組み

●「家の終活」の相談に乗る取り組み

2年に一度の空き家調査 …………… 『季刊地域』40号

●所有者と利用者をつなぐ取り組み

地域に寄り添う空き家バンクの秘訣　『季刊地域』54号
出ていく若者を減らすにも空き家 … 『季刊地域』22号

●地域で空き家を管理する取り組み

空き家管理法人の運営のしくみ …… 『季刊地域』54号
空き家活用で地域運営組織の財源確保 ……………………………………… 『季刊地域』54号
山内てごぉし隊出動! ………………… 『季刊地域』54号
空き家の取得・改修・解体に使える補助金 … 書き下ろし

＊年齢や所属、価格等の情報は、主に掲載時のものです。

田舎の空き家活用読本
探し方・プチ改修・マッチング

2024年6月10日　第1刷発行

編　者　一般社団法人
農山漁村文化協会

発行所　一般社団法人　農山漁村文化協会
〒335-0022　埼玉県戸田市上戸田2-2-2
電話　048(233)9351(営業)　048(233)9355(編集)
FAX　048(299)2812　振替　00120-3-144478
URL　https://www.ruralnet.or.jp/

ISBN978-4-540-24130-7　DTP制作／㈱農文協プロダクション
〈検印廃止〉　印刷・製本／TOPPAN(株)

定価はカバーに表示